本书得到国家社科基金"国有企业业绩考核指标信息含量与经理人薪酬激励关系研究"（16CJY005）的资助

◉ 经典会计学术文库

Research on the Relationship
Between Executive Compensation Regulation in SOE
and Information Transparency

国有企业

高管薪酬管制
与会计信息透明度的

关系研究

王 新 著

西南财经大学出版社

· 成都 ·

图书在版编目(CIP)数据

国有企业高管薪酬管制与会计信息透明度的关系研究/王新著.—成都:西南财经大学出版社,2017.12
ISBN 978 - 7 - 5504 - 2861 - 4

Ⅰ.①国… Ⅱ.①王… Ⅲ.①国有企业—管理人员—工资管理—关系—会计信息—研究—中国 Ⅳ.①F279.241

中国版本图书馆 CIP 数据核字(2017)第 166321 号

国有企业高管薪酬管制与会计信息透明度的关系研究
GUOYOU QIYE GAOGUAN XINCHOU GUANZHI YU KUAIJI XINXI TOUMINGDU DE GUANXI YANJIU
王新 著

策划编辑:何春梅
责任编辑:廖韧
责任校对:张春韵
封面设计:墨创文化
责任印制:朱曼丽

出版发行	西南财经大学出版社(四川省成都市光华村街 55 号)
网　　址	http://www.bookcj.com
电子邮件	bookcj@foxmail.com
邮政编码	610074
电　　话	028 - 87353785　87352368
照　　排	四川胜翔数码印务设计有限公司
印　　刷	四川五洲彩印有限责任公司
成品尺寸	170mm×240mm
印　　张	11.5
字　　数	160 千字
版　　次	2018 年 1 月第 1 版
印　　次	2018 年 1 月第 1 次印刷
书　　号	ISBN 978 - 7 - 5504 - 2861 - 4
定　　价	78.00 元

前　言

　　面对愈演愈烈的世界金融危机，投资者财富的巨额缩水与经理人日益膨胀的薪酬形成了鲜明的对比，贪婪的经理人似乎成为这场危机的唯一幸免者。全世界范围内，公众要求政府对经理人实施薪酬干预的呼声越来越强烈。具体到我国，近年来，我国国有企业经理人的收入保持了较快幅度的增长（平均增长速度在 20% 以上），部分国有企业经理人过高的薪酬更是引起了社会的质疑与强烈的不满情绪。政府为维护社会稳定、安抚公众情绪，从 2008 年开始调整国有企业经理人的薪酬。一方面，政府通过设置最高薪酬限额，以法定形式约束过高薪酬。例如：财政部在 2009 年出台的文件中将金融国企高管年薪的上限定为 280 万元。相关知情人透露，一部涵盖所有行业国有企业的高管薪酬规范正在紧锣密鼓地制定中，高管的薪酬水平将控制在职工的 10～12 倍[①]。另一方面，政府通过指导性行为暗示国有企业经理人自降薪酬。在这一指示下，国有企业经理人纷纷大幅度减薪，高管"零薪酬""一元薪酬"等特殊现象再次层出不穷[②]。

---

① 参见《成都商报》2009 年 2 月 19 日报道。
② 例如：三一集团宣布，集团董事长梁稳根 2009 年只领 1 元年薪，全体董事降薪 90%；平安集团的马明哲宣布在 2008 年分文报酬不取。

　　限制高管薪酬在一定程度上缩小了社会贫富差距，在面对社会与新闻媒体一片叫好声之时[①]，部分学者也表示了对政策执行效果的担忧：陈冬华等人（2005）指出，薪酬管制下，国有企业在职消费有明显增长的趋势，即经理人"体制内损失体制外弥补"。经理人过高的名义收入只是代理问题的"冰山一角"，而真正严重的恰好是社会公众无法监督的经理人控制权收益（诸如国有企业名目繁多的在职消费和由此引发的贪污腐败）。杨瑞龙（2008）也认为高管限薪最重要的是要做到高管薪酬的透明化，高管的薪酬一定要和绩效相关联，另外也要对高管的在职消费进行限制，使他们的公费支出也能做到透明化。因此，笔者认为，对控制权收益的监督应是对高管真正监督的重点。其特殊性在于，不同于对经理人薪酬的强制性披露规定，对于经理人控制权收益的披露很大程度上取决于经理人的自愿性披露程度和审计师发表的鉴证意见，同时经理人对这部分信息拥有较大的操控权。由于薪酬管制导致激励异化，可能打破原有的信息披露均衡，使经理人降低会计信息透明度，减弱社会对其控制权收益的监督，以弥补名义收入的损失。本书的研究正是从此视角出发，结合文炳洲、虞青松（2006）对经理人因薪酬管制而出现的心理失衡行为的三个层次划分[②]，分别探讨各层次行为对信息透明度的影响，继而探讨社会公众对经理人控制权收益监督的可行性。

　　经理人对会计信息的操纵不仅取决于其自利性动机，还取决于监管者的监管意愿和监管能力。研究结论指出，当缺乏其他配套措施时，薪酬管制将导致企业代理成本的增加，降低信息透明度，不利于从根本上保护投

---

　　① 中国青年报社会调查中心通过腾讯网对 2 496 人进行的一项调查显示，82.3%的人已关注财政部的"限薪令"，其中 48.7%的人表示"非常关注"，而超过九成的民众认为应该在全国推广国企高管带头减薪。
　　② 即诱发"偷懒"等道德风险；导致寻租等机会主义行为；引发挪用、贪污、盗窃受托企业财产，与审计师合谋掩盖潜在问题。

资者利益。具体而言，在中央国有企业层次，由于政府加强了薪酬管制，使其与贪污腐败治理并重，减少了经理人的信息租金却又缺乏对盈余管理的有效监督能力，导致了经理扭曲初始投资行为，并因此减少了报告中的盈余，形成预算松弛，降低了经理人的工作积极性，即通常所说的国有企业"藏利"行为。在地方国有企业层次，薪酬管制使得地方政府领导人为鼓励国有企业领导人如实报告盈余或多报盈余，不得不为其预留更多信息租金空间：一方面，政府降低国有企业经理人薪酬，安抚社会公众；另一方面，默许国有企业经理人的在职消费、贪污腐败，并同时减少在职消费的自愿性披露，选择更差的审计师事务所来弱化社会舆论的监督，使国有企业经理人由"阳光工资"转为"隐性腐败"，最终受损的仍然是中小投资者。本书认为如果不能从根本上对国有企业的业绩考核、薪酬定价与相应的薪酬合约信息披露进行改革和深化，不能够对地方政府与所属国有企业关系进行干预与调整，不能够建立中小股东利益的特别保护机制，薪酬管制的效果将"有其名而无其实"。

全书的具体安排如下：

第一章总括介绍了本书选题的研究背景、研究意义以及创新点，阐述了本书研究的基本思路，勾勒了研究的总体框架。

第二章首先介绍薪酬管制的含义，通过中美两国政策的跨国比较和我国管制政策的历史回顾，系统总结了我国薪酬管制存在的特殊性和其制度背景，指出我国与美国相比较，主要在管制目标、管制措施、管制实施手段和经理人对管制的态度上存在差异。其次，笔者认真梳理了现有文献中信息透明度的衡量方式，在总结前人经验的基础上，结合本书的研究目的选定盈余质量、在职消费自愿性披露质量和审计质量作为本书的透明度衡量指标，并阐明了三个指标之间的相互关系。最后，本章归纳了影响信息透明度的相关因素，特别是薪酬合约对信息透明度的影响，为后续研究做好了文献准备。

第三章系统梳理了国内外经理人正常薪酬的决定要素,通过国有企业正常薪酬预测值与实际薪酬之间的差距度量政府对国有企业经理人薪酬的干预程度。在此基础上,本章对国有企业经理人的薪酬管制程度按所有权性质、行业和地区展开分类描述性统计,发现各类国有企业薪酬管制的初步证据和客观规律。

第四章将是否存在薪酬管制与国有企业盈余管理程度相联系,结合财政分权的制度背景,分析在薪酬管制下,中央和地方人民政府由于治理过程中信息不对称的差异性、治理原则的差异性和替代补偿机制的差异性造成的对盈余管理程度的不同影响,从薪酬管制的角度解读中央国有企业常见的"藏利"行为。同时,笔者将通过分类回归比较两类薪酬管制措施对盈余管理的不同影响,为改进提供政策建议。

第五章将薪酬管制程度与国有企业经理人在职消费的自愿性披露相联系。从代理成本与财产权成本的权衡入手,结合不同层次经理人对两种成本的主观评价和监管人的动机,分析薪酬管制对两种成本的影响,继而分析其对在职消费自愿性披露的影响,并提出改进现行在职消费披露的建议。

第六章将薪酬管制程度与国有企业的审计意见和审计质量相联系,从管制程度对审计意见的影响的角度考察是不是薪酬管制增大了企业的潜在代理成本。在此基础上,笔者进一步分层次讨论各级国有企业通过审计师选择应对代理成本增加的不同策略,并将此结论与经典代理理论的结论相比较,解读为何地方国有企业缺乏对高质量审计的需求,再进一步探讨实施薪酬管制政策时,如何通过强化审计师选择约束来保护投资者利益。

第七章对全书的研究结论和研究启示进行了总结概括,并指出了本书的不足之处及未来的研究方向。

本书研究的创新点如下：

创新一：本书系统地梳理并检验了经理人正常薪酬的决定要素，并以此为基础设立了经理人薪酬管制程度的定量化指标，为该领域的后续研究提供了基本理论模型。

创新二：本书从信息透明度的视角探讨了政府直接干预经理人薪酬的后果，将名义薪酬的监管与控制权收益的监管相联系。这一研究有助于检验政府政策的有效性，为政策的制定及实施提供建议，为进一步完善我国公司治理结构、强化信息披露制度提供理论基础和经验证据。

创新三：本书研究发现，薪酬管制可能导致国有企业经理人实施"藏利""减少在职消费披露""选择更差的审计师"等一系列降低会计信息透明度的连锁行为，需要政府完善配套措施、补充薪酬管制政策，否则将导致经理人从"名义过高薪酬"转向"隐形腐败"，模糊薪酬管制政策的初衷，并降低市场监管效率。

创新四：本书结合理论分析和三个实证研究结论，提出了限制国有企业过高薪酬的未来改革方向。本书指出政府对国有企业薪酬的直接干预只能治标不能治本，从长期看，调整地方人民政府与国有企业的关系、完善国有企业经理人（特别是垄断国有企业经理人）的业绩考核制度、强化对薪酬合约的社会公开披露、赋予中小股东在经理人薪酬制定过程中的特殊投票权，才是从制度层面解决问题的根本措施。

本书以笔者的博士论文为基础，书中数据均基于当时的研究背景，限于精力笔者未对相关数据进行更新，请读者见谅。

目　录

1　导论

1.1　研究背景与研究意义

1.1.1　研究背景

2007 年一场全球性的金融风暴开始出现，并在不久后席卷了全世界。伴随着世界三大投行的倒闭和数以千万计的失业人口，人们开始反思金融危机产生的根源和政府在经济发展中的干预作用。很难说华尔街的精英高管们在这场危机中具体扮演了什么样的角色，但不可否认的是，他们脱离不了干系（Cappelli，2008）。特别是当全球投资者资产缩水时，他们仍然拿着上千万美元的薪酬，忙于"自肥"①。与金融危机中全球高达 3 万亿美

①　据公开数据披露，2006 年标准普尔 500 种股票指数公司总裁的平均薪水达到了 800 万美元，华尔街总裁们 2007 年的平均薪水是 25 年前的 6 倍。倒闭的雷曼兄弟公司首席执行官理查德·富尔德在近 5 年里获得的薪酬总计 3.5 亿美元；高盛 CEO（首席执行官）布兰克芬 2007 年的总收入为 6 850 万美元；英国巴克莱银行主席戴蒙德 2007 年的薪酬高达 1 800 万英镑；即使在金融危机全面爆发的 2008 年，华尔街金融企业员工依然获得了总额高达 184 亿美元的分红。

元的损失①形成鲜明对比的是高管们赚得"盆满钵盈"。当时的美国总统奥巴马痛斥华尔街的高管们"可耻"和"极端不负责任"。在美国国会针对雷曼兄弟公司破产案举行的听证会上，众议员亨利·韦克斯曼严厉质问董事长兼首席执行官理查德·富尔德："公司已破产，你却拿了4.8亿美元，这公平吗？"在这场危机中，限制经理人的过高薪酬已成为解决这场危机、恢复投资者信心所必须面对的问题。

因此，从2008年开始，凯恩斯主义再次回归②。美国、德国等深受金融危机所害的发达国家在出台政府救市方案的同时或稍后，也出台了一系列限制经理人薪酬的法案。

例如：根据达成的原则协议，美国政府将向汽车业提供150亿美元的紧急贷款援助，但作为条件，通用、福特和克莱斯勒的股息发放和高管薪酬都将受到严格限制。2009年1月，白宫发言人罗伯特·吉布斯（Robert Gibbs）表示美国总统奥巴马和国会民主党人开始着手制定限制华尔街金融公司奖金和薪水的措施，针对政府制定金融计划的指导原则，他"非常肯定"地表示将会涉及金融行业奖金和高管薪酬等问题。国会议员、华尔街评论家Barney Frank接受采访时谈到，"联邦政府限制高管薪酬，这在美国历史上尚属首次"。德国政府则规定，银行想要从5 000亿欧元（6 750亿美元）救市方案中受益，就必须接受银行高管薪酬不得超过50万欧元（67.5万美元）等严格限制条件。此外，只要银行负有政府债务，其高管就禁止获得分红。

政府的这些措施是否真的能够发挥作用？部分研究者和分析师也发出

---

① 依据英国央行2008年10月发布的估计数据。

② 弗里德曼的自由主义与凯恩斯主义，就像欧美世界的一只钟摆一样，每隔一二十年，就要完成一次摆动。20世纪80年代里根政府执政的高潮时期，西方的主流经济思想是弗里德曼的理论。这一次，在奥巴马执政的伊始阶段华尔街便受到重创，欧美世界一片萧条，钟摆终于甩到凯恩斯主义这边来了。

了不同的声音。Avalon Partners 首席市场经济师卡迪略说："奥巴马这样说，表现出了好的政治手腕。但我们必须明白，很多花红具有合约基础，很多人都是根据百分比打工支薪。"纽约薪酬顾问公司 Johnson Associates 行政总监约翰逊甚至警告说："我理解奥巴马的愤怒和民众的情绪，但现实情况甚为复杂。假如你说，我不向任何人派花红了，你可能导致数家公司倒闭，这样比激怒民众还要糟。"一些过去的经验可能引发研究者对美国薪酬管制效果的怀疑。历史上，美国国内税收法案 162 节曾试图通过税收制度对经理人的过高薪酬进行间接调控，规定基本薪酬（与业绩无关的部分）超过 100 万美元的部分不得从企业所得税中扣除。但是政策实施的效果是，在标准普尔 500 指数所包含的公司中，首席执行官的平均基本薪酬依然能达到 130 万美元。Tod Perry 的解释是："一些公司很乐意解释为什么他们要以市场为导向支付薪酬而不考虑课税减免。律师和企业顾问总是走在监管机构的前面。"美国财政部负责银行援助项目的负责人 Neel Kashkari（2008）在透露新规定时谈到，"银行仍需与对冲基金和私募公司争夺优秀的交易员和管理人才，所以新规定给银行留下很多余地，银行可以继续支付高管极高的薪酬。最明显的是并没有直接规定薪酬上限"。德国政府严格的限制条件制约了救市方案的实施。当初纷纷以各种理由迫切向政府求助的各大银行，在经理人薪酬限制性条款出台以后，表演了"变脸"绝技。德国最大的私有银行——德意志银行（Deutsche Bank AG）的首席执行官 Josef Ackermann 表示，他的公司不需要国家注资。德国第二大银行——德国商业银行（Commerzbank AG）的首席执行官 Martin Blessing 则在接受报纸采访时表示，他的公司将仔细研究政府的救市方案，以判断"有没有对我们有用的地方"。结合 2007 年 Ackermann 1 400 万欧元的总薪酬、Blessing 200 万欧元的工资收入（不包括股权和其他福利收入），不难发现，设置薪酬最高限额，可能阻碍了救市计划的正常推行。华尔街的高管们依然"贪婪",如果限制他们的薪酬,他们其中的一部分人甚至宁愿让企业倒闭。

当欧美投资者对政府的薪酬管制政策采取谨慎态度时,我国政府对国有企业经理人进行薪酬管制的政策是否又能够发挥设计初衷呢?政府管制经理人薪酬在我国并不是一件新举措,此次金融危机不过是再次诱发政府加强国有企业经理人薪酬管制的导火索,从根本上讲这是由国有企业的公有产权体制和政府管理目标的多元化所决定的。自由市场经济中管理者要素价格是由其市场供需所决定的;与其不同,我国国有企业名义上由全民所有,但在实际管理中,很多权利却被摄取者所占有。因此,部分国有企业存在薪酬制定程序上的不合理。一方面,在具有垄断优势和先占优势的国有企业中,经理人的收益与总利润相挂钩,这显然忽视了依靠政治权力和依靠经理人管理才能获取利润的区别。另一方面,政府仍然将部分社会事务职能交由国有企业代为处理。计划经济时代开始推行的国有企业经理人行政工资制(即按照国有企业经理人的行政级别决定其薪酬)便将经理人的薪酬限制在较低水平,以保证社会贫富差距不被拉大,维护社会的安全与稳定。大量的研究者认为:国有企业经理人的薪酬长期受到了来自于政府的管制(陈冬华,2003;文炳洲 等,2006;中国企业家调查系统,2003)。

近年来,在推行国有企业体制改革的过程中,为调动国有企业经理人的积极性,国有企业的薪酬管制有逐渐放松的趋势。从样本数据看①(见表1-1),中央国有企业与地方国有企业②的薪酬近两年保持了较快幅度(10%以上)的增长,超过了同期非国有企业的增长速度。在不考虑经理

---

① 鉴于我国金融行业的特殊性(不归属国务院国资委管理且国际经验表明金融行业的薪酬远超其他行业的正常薪酬),该统计数据未包含金融类企业的高管数据,具体样本筛选标准请参见3.3"样本选择"。

② 详细分类标准请见3.4"模型设定及变量描述"中关于所有权性质的划分标准。

人劳动贡献的背景下，国有企业经理人薪酬收入的绝对水平与非国有企业已无明显差异。除了经理人与普通员工之间的收入差距拉大之外，经理人内部收入差距也在不断扩大。2005 年中央国有企业、地方国有企业经理人收入的标准差是 660 253.3 元与 575 420.1 元；到了 2007 年，这一数字变为了 903 801 元与 696 779.6 元。收入差距的拉大从另一个角度讲，表明国有企业经理人的薪酬制度逐渐打破平均主义的桎梏，呈现出按照企业的自身特点和经理人的贡献进行个别定价的趋势。

表 1-1　　　　　　董事、监事及高管前三名的薪酬　　　　单位：元

	2005 年	2006 年	2007 年	总样本
平均值				
中央国有企业	769 903.04	906 233.15（17%）	1 192 095.7（31%）	954 554.8
地方国有企业	699 754.1	828 601.15（18%）	1 048 317.3（27%）	856 175.2
非国有企业	782 637.65	806 391.71（3%）	1 032 637.6（28%）	877 771.8
中位数				
中央国有企业	634 600	726 000（14%）	979 400（35%）	753 900
地方国有企业	558 250	697 150（25%）	844 650（21%）	697 150
非国有企业	610 000	652 700.7（7%）	769 200（17%）	660 100
最大值				
中央国有企业	6 708 000	9 278 000（38%）	10 459 700（13%）	10 459 700
地方国有企业	6 177 446	6 434 472（4%）	7 101 844（10%）	7 101 844
非国有企业	4 816 020	4 349 960（-10%）	11 000 000（152%）	11 000 000
最小值				

表1-1(续)

	2005 年	2006 年	2007 年	总样本
中央国有企业	51 000	107 281 (110%)	101 000 (-6%) .	51 000
地方国有企业	76 254	49 993 (-35%)	64 098 (28%)	49 993
非国有企业	55 000	76 120 (38.4%)	75 000 (-1.5%)	55 000
标准差				
中央国有企业	660 253.3	851 108	1 102 042	903 801
地方国有企业	575 420.1	642 872.1	813 238.7	696 779.6
非国有企业	680 917.9	658 385.2	1 007 142	810 410.1

注：括号内数据代表以上一年薪酬为基数的本年薪酬增长速度

政府在改革国有企业薪酬、调动经理人积极性的同时，由于配套机制的缺失和制度建设的不完善，部分国有企业的薪酬改革再次出现了历次"放权让利"中"一改就乱"的现象，与业绩脱钩的"天价薪酬"等现象开始在部分国有企业中出现。面对来自社会舆论的压力，政府的干预政策再次回归。2009 年 2 月 1 日，财政部下发《金融类国有及国有控股企业绩效评价暂行办法》，设定了国有金融企业经理人最高薪酬数额，各地政府依据这一文件纷纷制定了各地区的适用办法。在管制方式上，这些政策主要限制经理人薪酬，规定其不得超过员工工资的数倍（例如北京为 12 倍），增长幅度不得超过某一比例。政府既通过政策对薪酬问题进行强制规范，又通过政策信号发挥引导作用，暗示经理人自降薪酬。从 2008 年开始，国有企业特别是垄断国有企业的降薪新闻频繁见于报端，大部分国有企业领导人的降薪水平达到了 20%，部分甚至超过了 50%，如联想、三一重工等。

当全社会都在为国有企业的降薪举动欢呼叫好时，新的问题可能已经应运而生。在国有企业长期的过低薪酬制度下，经理人仍愿意留在国有企业，并保持一定的动力，其重要原因在于经理人的控制权收益补偿了其显性薪酬的不足①。陈冬华等（2005）、辛清泉等（2007）的实证研究结果指出，薪酬管制导致了经理人追求在职消费和低效率的过度投资，降低了企业的价值。管制了薪酬的同时，并不意味着同时管制了在职消费等其他收益，更为严重的是，当在职消费等控制权收益无法满足激励相容性约束时，将进一步导致国有企业的贪污腐败等违法行为产生。过去的研究在探讨治理措施时，主要停留在加强主管机构的监管和社会公众监督上，但实施效果并不佳。主要原因是货币薪酬通过强制性的信息披露而受到社会监督，相比之下，经理人的控制权收益游离于社会监督之外，其信息披露主要是以政府监督之下的经理人自愿性披露为主。权力过于集中，而又得不到有效的制约和监督是导致腐败的重要原因。薪酬管制一方面导致了经理人对控制权收益摄取的进一步的贪婪，另一方面可能导致经理人改变现有信息披露机制和信息均衡，使得这一系列的行为进一步游离于社会监督之外。因此，薪酬管制在我国不仅体现为经理人对投资者实体性的损害，更体现为经理人对监督机制即信息透明度造成损害。

笔者借鉴了 Holmstrom（1979）构建的经理人薪酬、薪酬系统和信息系统的经典模型，分析政府的薪酬管制如何导致经理人的非最优化行为产生。

建立模型如下：

$$\max_{e,\,w(y)} \int u[y - w(y)]f(y;\,e)\mathrm{d}y \tag{1-1}$$

$$\text{s.t. } \int u[w(y)]f(y;\,e)\mathrm{d}y - v(e) \geqslant u_0 \tag{1-2}$$

$$e \in \arg\max_e \int u[w(y)]f(y;\,e)\mathrm{d}y - v(e) \tag{1-3}$$

---

① 众所周知，国有企业经理人的福利机制除了显性货币薪酬以外，还有一部分是由国有企业的在职消费、贪污腐败、行政职务升迁等控制权收益所组成的。

其中，y 代表的是企业利润，$w(y)$ 代表的是经理人的薪酬合约；由于不确定性因素对经理努力与业绩关系的影响，$f(y;\ e)$ 代表的是经理人在付出 e 的努力的程度下，获得利润 y 的概率函数；$u(.)$ 代表的是效用函数，u_0 代表的经理人保留效用值，$v(e)$ 代表的是经理人付出努力的成本。等式的含义是，当所有者与经理人均是自利的机会主义行为者，且所有者为风险规避者、经理人为风险中性者时，所有者决定经理人的薪酬合约以最大化自己的私人收益，这一收益不低于经理人的保留效用值。经理人在所有者选定薪酬合约后，决定付出的努力程度以最大化自身的效用值。因此，所有者在考虑选择薪酬合约时，必须考虑到经理人会针对给定的薪酬合约做出行为选择。为求均衡解，笔者构建了拉格朗日函数。

首先对式（1-3）进行变形：

$$u[w(y)]f_e(y;\ e)\mathrm{d}y - v'(e) = 0 \tag{1-4}$$

拉格朗日函数如下：

$$L = \int u[y - w(y)]f(y;\ e)\mathrm{d}y + \lambda\{\int u[w(y)]f(y;\ e)\mathrm{d}y - v(e) - u_0\}$$
$$+ \mu\{u[w(y)]f_e(y;\ e)\mathrm{d}y - v'(e)\} \tag{1-5}$$

一阶条件如下：

$$\frac{u'[y - w(y)]}{u'[w(y)]} = \lambda + \mu\frac{f_e(y;\ e)}{f(y;\ e)}$$

因此，可以发现，经理人的最佳薪酬合约 $w(y)$ 取决于所有者与经理人的效用函数值，以及经理人努力程度与收益相关性的概率密度函数（可代表行业类型）。当政府的薪酬管制政策整齐划一地限制了经理人的薪酬时，经理人的薪酬可能小于最佳薪酬合约 $w(y)$ 的均衡解。经理人不只是政策的被动接受者，经理人会在给定薪酬水平下选择自己的最优努力程度，其结果是无论经理人还是所有者都无法达到自己的最优解，从而使双方福利都蒙受损失。

因此，当政府对经理人实施薪酬管制时，必须进一步抑制和监督经理人的败德行为，但这可能导致政府干预行为的膨胀，使得政府对企业正常经营行为的干预加重和干预成本增加。另外，市场失灵所导致的部分经理人薪酬过高，并不意味着政府干预必然比市场和企业能更好地解决问题（科斯，1988）。相反，政府的失灵可能导致市场的进一步失效。特别是政府干预间接影响信息透明度，将导致市场配置机制的失灵。下面笔者将利用经理人的信息供给与需求均衡分析判断政府干预如何影响会计信息质量（见图1-1）。

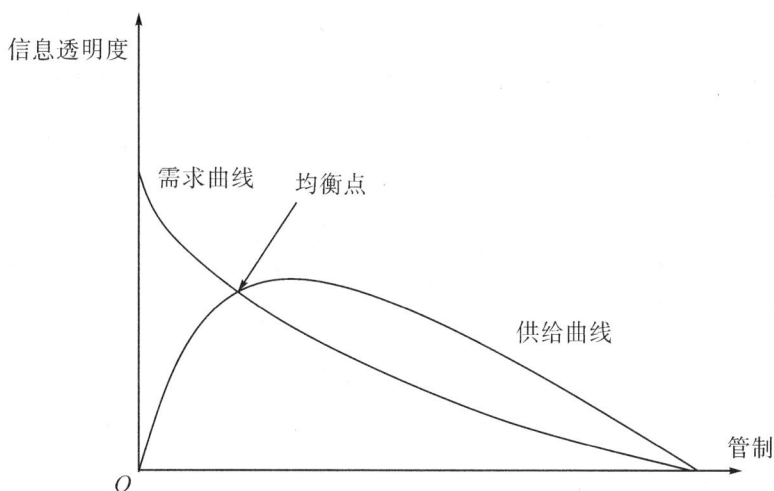

图 1-1　信息管制与透明度

从信息的需求方来看，图1-1中，向右下方倾斜的需求曲线表明，政府对经理人的薪酬管制与会计信息透明度（这里特指与经理人业绩考核相关的会计信息）具有一定的替代性。当经理人的薪酬由市场决定时，分散广阔的中小投资者迫切需要公开的业绩评价信息，以对经理人的才能和努力程度做出判断，通过"用手投票"和"用脚投票"的机制对经理人薪酬实施影响。但政府对经理人实施薪酬管制，其实质是对薪酬的制定过程发挥了"担保"作用（即担保约束经理人的不合理薪酬），中小股东出于对监督成本的考虑，会部分放弃对薪酬制定的权利，交由政府代为履行，相应地降低对会计信息透明度的需求。

从信息的供给方来看，供给曲线显示，经理人对会计信息透明度提高的意愿随着政府的管制政策呈现先上升后下降的趋势，原因是政府干预薪酬后，经理人过高薪酬的现象得到了抑制，薪酬制定过程变得更为严格，经理人只有通过提高会计信息透明度，才能说服政府给予其适当的报酬。随着政府对经理人的薪酬管制程度进一步加深，经理人对信息的供给意愿开始下降。原因是此时无论经理人的业绩程度多好，所能获得的最终报酬都被限制在一定的狭小范围内，经理人自身的努力程度无法在报酬上得到合理体现，也不需要向中小投资者传递相关信息。此时，经理人的最优选择是与政府"搞好关系"，其后果是——可能引发政府官员的寻租行为和腐败行为。

当假定政府管制十分有效时，会计信息的透明度会存在一个均衡解，此时政府管制薪酬对信息透明度效率的降低是最少的，政府的管制行为和资本市场的决定机制共同决定了经理人此时的最优薪酬。

如果政府薪酬管制无效率时，又会对会计信息透明度和经理人劳动市场造成什么样的影响呢？

图 1-2 表明，当政府对经理人的薪酬管制效率不高时，则供给曲线一直在需求曲线之下，此时不可能有最佳薪酬管制程度的均衡解，政府的行为进入了"管制陷阱"，即越管制经理人，越降低会计信息透明度。资本市场无法得到足够的会计信息时，在决定经理人合理薪酬时将无法再发挥任何作用，市场机制开始走向萎缩，唯一可能的解就是经理人薪酬完全由政府"指导"执行。

综上所述，当存在信息不对称且信息的提供者为经理人时，他可能会采取机会主义行为，对信息特别是会计信息进行"选择性"地加工和披

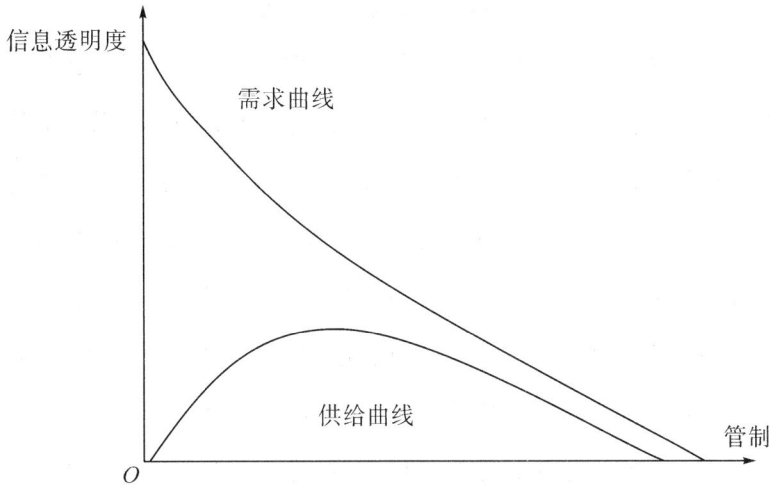

图 1-2　政府薪酬管制无效率时的影响

露，以最大化自身的收益。

　　因此，在本书后续的研究过程中，笔者关注政府实施薪酬管制对会计信息透明度各个具体维度的影响，继而分析其对公共监督机制的影响。特别是在前述理论分析中已经证实了薪酬管制可能导致经理人与政府之间存在寻租行为，笔者关注这一寻租行为将如何影响政府、社会公众与经理人三者之间的博弈结果。笔者期望通过本书的研究，回答这样一个问题：薪酬管制从名义上降低经理人的现金薪酬，但是从全局来看，是否有助于监督经理人的总体收益，是否真正保护了投资者利益？对我国资本市场的培育和发展有什么样的影响，促进还是阻碍？

1.1.2　研究意义

　　中国证监会在主导资本市场的建立和改革过程中，一方面，政府引导着市场的建立和完善，力图使市场机制在资源配置过程中发挥基础性作用；另一方面，政府针对改革中出现的问题，既通过深层次体制性的变革又通过临时性的政策干预进行查缺补漏，力求将改革的力度、发展的速度与市场可承受程度相统一。因此，在我国资本市场发展过程中不可避免地出现政府主导和政府干预的迹象，政府对经理人过高薪酬的干预便是其中一种现象。布坎南的公共选择理论与实践经验表明，由于公共决策体制及方式的局限性，即使现实社会中存在某种意义上的公共利益①，现有的公共决策体制因其自身缺陷和方式的不完美也使得这种公共利益很难达到。由于信息的不完善性，大部分的公共政策都是在信息不完全的情况下做出的。政府对价格机制的干预往往容易造成"好心办坏事"（诸如：对房屋租金干预和最低工资干预造成的供给不足和需求不足）。本书通过研究薪酬管制政策与会计信息透明度的关系，为政府干预薪酬的有效性提供相应的经验证据检验和指导建议。2004年国务院颁布的《国务院关于推进资本市场改革开放和稳定发展的若干意见》和2008年中国证监会颁布的《中国资本市场发展报告》提出将"透明高效、结构合理、机制健全、功能完善、运行安全"作为我国资本市场改革和发展的目标。本书从信息透明角度考察薪酬管制政策的有效性，有助于将政策的长期效应与短期效应相结合，提高我国资本市场的综合竞争力。

本书的研究结论有助于进一步解读为什么国有企业长期存在"藏利行为"、在职消费、职务腐败行为等特殊代理问题，以及为什么这些现象难以通过社会公共监督机制予以制约。本书将帮助政府转变国有企业治理思路，解决上述代理问题要从加强政府监管向依靠市场化改革和完善深层次体制问题转变，防范国有企业治理过程中出现激励异化导致的新型代理问题，坚持改革过程中的标本兼治，保证我国资本市场从"政府主导"向"市场主导"的平稳过渡。

---

① 阿罗不可能定理曾指出，将个人的偏好和利益加总为集体偏好和利益是极其困难的，因此社会公共利益这一概念具有模糊性，不存在作为公共政策决策依据的所谓的"公共利益"。

1.2 研究方法、研究思路与研究框架

1.2.1 研究方法

首先，本书借鉴经济学中委托人与代理人兼容性约束下的最优化行为分析和业绩评价信息的供给需求分析，对经理人薪酬管制与会计信息透明度之间的关系进行初步的理论探讨，并以此为切入点，提出薪酬管制可能影响会计信息透明度这一研究主题。

其次，本书采用比较研究的方法，对美国政府的薪酬管制与我国国有企业的薪酬管制的异同进行对比研究，回顾我国薪酬管制的历史背景，明确其特殊性和对其展开单独研究的重要意义。随后，笔者运用控制权收益理论、财政分权理论、公共选择理论等，采用演绎推理的方法对薪酬管制下不同性质国有企业的经理人操控会计信息透明度的动机、可行性以及政府、社会公众与经理人三者之间的博弈行为展开分析，提出薪酬管制对信息透明度三个维度指标影响的各自假设。

最后，本书重视实证会计研究方法，并特别关注数据来源的多元化与实用性。研究数据中既有来源于公开数据库的资料，也有来源于手工整理的年报资料。利用不同来源的数据资料从不同角度对本书的研究主题进行论证，可以保证研究的稳健性。

1.2.2 研究思路

薪酬合约一直是影响会计信息质量的重要因素（De Angelo，1981；

Healy，1985）。大量研究从静态视角探讨了给定经理人薪酬合约时，经理人如何在自利性动机下影响会计信息的质量，以最大化私人收益。笔者认为政府对经理人薪酬合约的干预引起的薪酬合约调整，也必然导致经理人随之做出对会计信息透明度的调整，实现薪酬合约与会计信息透明度的动态均衡。公共选择学派的尼斯坎南（1971）从经济人的视角认为，政府机构及其工作人员的行为出发点既不是公共利益，也不是政治家确定的政治目标，而是官僚和官僚机构自身的利益。因此，笔者进一步基于财政分权的制度背景，从中央人民政府与地方人民政府的薪酬管制动机和管制能力入手，考察了政府、社会公众与经理人三者的博弈行为以及最终的博弈结果。笔者解释了为什么政府对经理人薪酬的"干预之手"偏离其设计的初衷，在限制其名义收入的同时，未真正限制其享受的总收益，并因此而降低了会计信息透明度。本书对我国国有企业长期存在的会计信息质量不高和会计造假的问题将从新的角度给予解释。

研究的逻辑结构如图1-3所示。政府的薪酬管制扭曲了经理人的正常激励机制，造成了薪酬对经理人的激励效应不足。当国有企业的领导人拥有企业实质控制权且名义收入降低时，会试图通过追求在职消费等自我激励方式进行体制外的弥补。但代理人的行为总受制于市场的监督力量，经理人的"自肥"谋利行为与市场监督会达到一种均衡状态，而均衡的关键在于双方的信息配置状况。为减少来自于市场的监督（特别是广大社会公众和中小投资者），经理人存在降低会计信息透明的动机。这一行为的可行性受制于大股东的约束和监督。政府在国有企业监督机制中既扮演了大股东的角色又扮演了政策监管者的角色。当政府由于受监管意愿与监管能力限制而默许经理人降低会计信息透明度的行为时（后文会详细解释政府为什么会允许经理人降低会计信息透明度），单纯依靠社会公众则难以对国有企业的会计行为做出约束（他们只是信息的被动接受者）。经理人的初始行为动机开始向现实转化。在此，经理人并非会降低所有层次的会计信息透明度（事实上这对经理人并无好处，更容易引起利益相关者的抵制），其"选择性"的降低行为必然与其动机相联系。文炳洲、虞青松（2006）将经理人因薪酬管制所导致的心理失衡行为划分为三个层次：一是诱发"偷懒"等道德风险，即"你不按劳付酬，我就按酬付劳"；二是通过寻租等机会主义行为，如在职消费、自肥交易等，满足自我需求，实现"体内损失体外补"；三是挪用、贪污、盗窃受托企业财产并与审计师合谋。本书针对上述三个层次，分别确立了经理人各层次自利行为对信息透明度的影响，以及本书所采用的衡量信息透明度的具体指标。

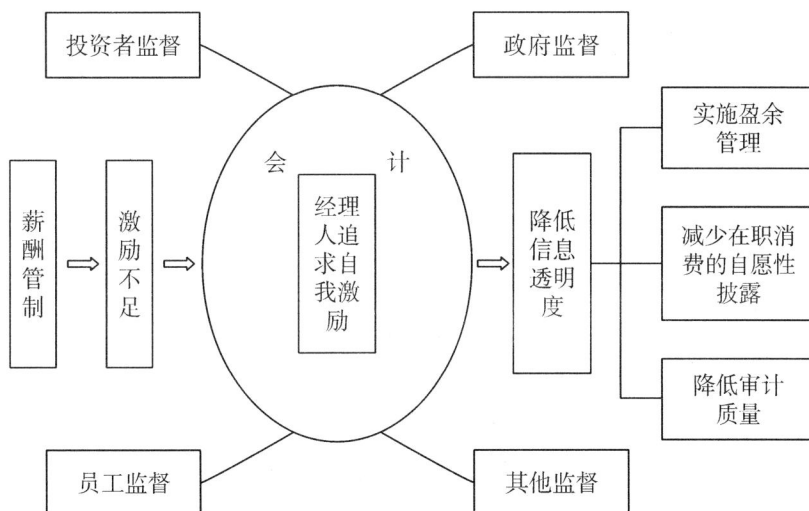

图 1-3　逻辑结构图

对应于"偷懒"行为，本书选择盈余管理作为衡量指标；对应于"寻租"行为，本书选择减少自愿性披露的程度作为衡量指标；对应于"贪污腐败行为所导致的审计合谋"，本书选择审计质量作为衡量指标[①]。基于上

[①] 关于选择上述三个指标作为三个层次代表的详细解释，请参见2.2.3"信息透明度的指标选择"。

述思路，笔者首先通过薪酬管制与信息透明度的关系分析（第二章）总结了现有研究中信息透明衡量指标研究的成果与不足之处，结合本书的研究目的，阐明了本书选择三个指标定义信息透明度的合理性与代表性。其次，在第三章中笔者综合经理人正常薪酬的决定要素，通过选用非国有企业数据（代表市场化薪酬），建立了正常薪酬的预测模型，将国有企业薪酬的预测值与实际值之间的差距作为薪酬管制程度的度量，并以此变量作为全书研究的核心。最后，在第四、五、六章中，笔者通过线性回归的方法，采用离散变量回归模型和排序离散变量回归模型，考察了薪酬管制变量对信息透明度三个指标的影响，并分别提出了政策建议。

1.2.3 研究框架

本书的研究框架如图 1-4 所示。

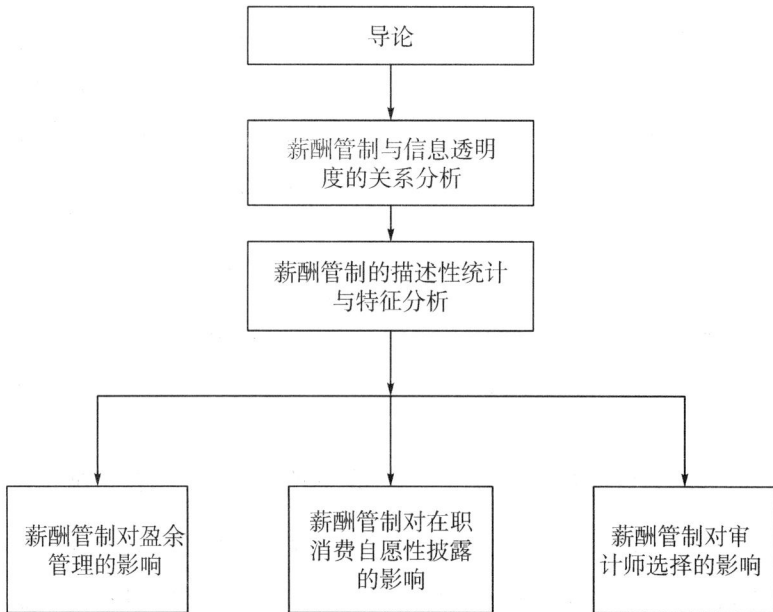

图 1-4 研究框架

全书的结构可以大致划分为四个部分。第一章是全书的引言部分，主要是对研究背景、研究意义、研究方法等进行说明。第二章是全书研究的理论基础，对基本概念和选用的指标进行澄清和介绍，对薪酬管制与信息透明度的关系进行理论分析。第三、四、五、六章是全书的主体部分，包括对薪酬管制的描述性统计和薪酬管制影响透明度的三个指标的分别研究。第七章是全书的总结，概述了全书的研究结论和政策启示，并指出了研究的不足之处和未来的研究方向。

每一章的主要内容介绍如下：

第一章总括介绍了本书选题的研究背景、研究意义以及创新点；阐述了研究的基本思路，勾勒了研究的总体框架。

第二章首先介绍了薪酬管制的含义，通过中美两国政策的跨国比较和我国管制政策的历史回顾，系统总结了我国薪酬管制存在的特殊性和其制度背景。其次，笔者认真梳理了现有文献中信息透明度的衡量方式，在总结前人经验的基础上，结合本书的研究目的确立了盈余质量、在职消费自愿性披露质量和审计质量作为本书的透明度衡量指标，并阐明了三个指标之间的相互关系。最后，本章归纳了影响信息透明度的相关因素，特别是薪酬合约对信息透明度的影响，为后续研究做好了文献准备。

第三章定义了薪酬管制程度的衡量指标，即通过国有企业正常薪酬预测值与实际薪酬之间的差距度量政府对国有企业经理人薪酬的干预程度。通过对不同所有权性质、行业、地区的分类描述性统计，获得了国有企业薪酬管制的初步证据。

第四章将是否存在薪酬管制与国有企业盈余管理程度相联系，结合财政分权的制度背景，分析了在薪酬管制下，中央和地方人民政府的不同监督方式对盈余管理程度的差异性影响；解释了中央国有企业为什么会有"藏利"行为。

第五章将薪酬管制程度与国有企业经理人在职消费的自愿性披露相联系，阐明了为什么国有企业经理人的在职消费得不到合理的监督，为什么不能简单地加强社会舆论监督和政府监管对其予以规范。

第六章将薪酬管制程度与国有企业的审计意见和审计质量相联系，论证了国有企业因薪酬管制而付出的代价——增大了代理成本，遭受了更多的"非标"意见。本章从薪酬管制的角度解读了为什么地方国有企业缺乏对高质量审计的需求，地方人民政府为何容忍这一行为。

第七章对全书的研究结论和研究启示进行了总结概括，并指出了研究的不足之处及未来的研究方向。

1.3　本书在研究上的创新点

创新一：本书系统地梳理并检验了经理人正常薪酬的决定要素，并以此为基础设立了经理人薪酬管制程度的定量化指标，为该领域的后续研究提供了基本理论模型。

创新二：本书从信息透明度的视角探讨了政府直接干预经理人薪酬的后果，将名义薪酬的监管与控制权收益的监管相联系。这一研究有助于检验政府政策的有效性，为政策的制定及实施提供建议，为进一步完善我国公司治理结构、强化信息披露制度提供理论基础和经验证据。

创新三：本书研究发现薪酬管制可能导致国有企业经理人实施"藏利""减少在职消费披露""选择更差的审计师"等一系列降低会计信息透明度的连锁行为，需要政府完善配套措施、补充薪酬管制政策，否则将导致经理人从"名义过高薪酬"转向"隐形腐败"，模糊薪酬管制政策的初衷，并降低市场监管效率。

创新四：本书结合理论分析和三个实证研究结论，提出了限制国有企业过高薪酬的未来改革方向。本书指出政府对国有企业薪酬的直接干预只能治标不能治本，从长期看，调整地方人民政府与国有企业的关系、完善国有企业经理人（特别是垄断国有企业经理人）的业绩考核制度，强化对薪酬合约的社会公开披露，赋予中小股东在经理人薪酬制定过程中的特殊投票权，才是从制度层面解决问题的根本措施。

2 薪酬管制与信息透明度的关系分析

2.1 薪酬管制的含义与制度背景

2.1.1 薪酬管制的含义

在正式对"薪酬管制"一词的具体含义进行进一步辨析之前，有必要对"管制"一词进行先行界定。经济学中的管制一词来源于英文单词"Regulation"，在学术界也通常被翻译为规制或监管。按照新帕尔格雷夫大辞典对于管制的定义，管制是政府为控制企业的价格、销售和生产决策而采取的各种行动，政府公开宣布这些行动是要努力制止不充分重视社会效益的私人决策。著名经济学家萨缪尔森认为，管制是政府为改变或控制企业的经营活动而颁布的规章和法律，以控制企业的价格、销售或生产决策①。Viscusi 等学者认为，管制是政府以制裁手段，对个人或组织的自由

---

① 萨缪尔森，诺德豪斯.经济学 [M].高鸿业，译.北京：中国发展出版社，1992：864-865.

决策的一种强制性限制。政府的主要资源是强制力，管制就是以限制经济主体的决策目的而运用这种强制力。因此，从现有关于管制的权威定义来看，尽管各位学者在表述上略有不同，但均体现了管制的基本含义及其本质特征。概括起来，管制包含了以下三个基本特征：

（1）管制的主体是政府，政府依靠其政治权力，通过设立各种法规条款授予市场中的企业某种权利或约束其行为。政府的这一行为具有强制性的特征。

（2）管制的对象是参与市场竞争的企业的各种自发决策行为，可能涉及企业生产、销售、经营管理的各个方面。

（3）政府的管制手段是与市场自发调节相对立的。不同于市场价格对供需关系的自发调节机制，政府管制是对企业行为的直接干预，依靠行政力量发挥对资源的配置作用。

本书借鉴了各位经济学家对于"管制"这一基础性概念的定义和对管制基本特征的描述，将其移植到国家干预企业高层薪酬这一具体行为上，本书认为薪酬管制的含义是国家依靠其政治权力对企业高管人员的薪酬实施的直接干预。

薪酬管制是与依靠劳动力市场竞争自发裁定相对应的。按照《中华人民共和国公司法》的规定，公司是拥有独立法人财产、享有法人财产权的企业法人。公司能够在法律法规的规定范围内自主决定企业的生产经营，当然也包括决策经理层人员的选聘及其薪酬数额。自1995年7月英国发表《格林伯瑞报告》以来，通过在董事会下设立一个独立董事委员会——薪酬委员会负责对经理层实施业绩考评，并综合多种因素考虑制定、审查公司董事及经理人员的薪酬政策与方案，已成为现代公司制下制定高管人员薪酬的主流方式。Jensen 和 Meckling（1976）认为由于现代公司制下所有权与经营权的分离，具有自利动机的代理人最大效用化的行为可能牺牲委托人的利益。为保证代理人与委托人利益关系的协调，有必要实施激励与控制机制以限制和约束代理人的败德行为。薪酬激励作为对代理人最为重要的激励机制，受经理人能力、个人特质、所需承担的风险和劳动力市场竞争以及企业内各项代理关系的综合影响，具有内生性的特点。由政府直接对经理层的薪酬实施管制意味着强制性地切断多种因素对经理薪酬的影响，干扰了经理层的正常收入权，在某种程度上造成经理层的经营管理才能具有了非私产的效果。

在我国，薪酬管制这一概念特指政府依靠行政权力对国有企业经理人高额薪酬的直接干预。从对比分析来看，我国的民营经济发展是伴随着改革开放和市场化的条件展开的，历史遗留问题相对较少，在股权结构上多数存在一个控股股东或若干个大股东共同控制的行为，因此在经理人的业绩考核和薪酬制定过程中既不会存在国有企业的所有者缺位，也不会存在西方资本市场中股权过度分散化所造成的"无人监管"现象。其更多是按照市场规律使用管理者的生产要素，不存在薪酬管制的前提条件。但在我国国有企业中，业绩考核体制的滞后[①]和监管者的缺位使得国有企业经理人的薪酬难以在现行体制下达到市场自由出清的状态，过高的不合理薪酬使得政府的干预应运而生。另外，国有企业经营目标的多元化也必然要求经理人的薪酬体现出这一特色，将国有企业的经理人薪酬与政府的施政纲领和现实约束相联系，折射出政府的社会化目标，体现政府干预的色彩。因此，在本书的后续研究中涉及的我国的薪酬管制，主要是指政府对国有企业高管的薪酬管制。

---

① 国有企业的业绩考核不能简单地将经理人薪酬与净利润指标相联系。一方面，国有企业的经营业绩部分取决于其垄断地位，需要分离经理人的管理贡献和国有企业的政治特权所带来的不同收益。另外，国有企业部分承担了非市场化的多样目标，在经理人的薪酬制定过程中还应当体现其非营利性贡献。而现行的国有企业薪酬合约，往往忽视了上述两者的差异，造成部分国有企业高管的薪酬过高。

2.1.2 中外薪酬管制的背景及历史脉络

1. 美国企业的薪酬管制背景

即使对于高度自由化与市场化的美国经济而言，在制定经理层薪酬的过程中，也还没有哪一个大型企业完全不考虑政治因素对薪酬数额与薪酬结构的影响（Murphy，1999）。正如 Jensen 和 Murphy（1990）所强调的一样，在股权高度分散化与利益相关者日益多元化的今天，经理层的薪酬问题已不再是单纯的委托人与代理人之间的激励问题。SEC（美国证券交易委员会）自 2006 年开始，便要求上市公司详细披露主管与董事会成员的津贴、退休福利以及总体薪酬情况，以保护员工、劳工联盟、消费者等的利益。公司与管制者的相互作用体现了多个利益相关者共同作用于政治体系的要求（Stigler，1971）。

美国公众一直保持着对大型企业经理层薪酬的关注。早期，政府与多种政治力量也一直对美国大型企业经理人薪酬施加着零星的干预与管制，主要是针对受管制行业，如铁路、公路运输、航运、电话通信、电力、天然气等。但一系列的限制并未以明确的法令或规定的形式出现，多是以直接或间接的政治途径施压来实现。例如：Carrol 和 Ciscel（1982）、Murphy（1987）发现受管制的公司在同等条件下，薪酬数额较低，且多选择现金等与股东收益脱钩的薪酬方式。Josko 和 Rose（1993）等人发现当政府对企业（而非行业）施加压力的方式越直接，经理层薪酬受管制的程度也越高；由一个州单独实施管制的企业受管制程度最高，超过了联邦政府管制的企业和由多个州共同管制的企业。

20 世纪 90 年代初期，Graef Crystal（1991）关于经理层过高薪酬的披露与批判引发了社会公众及美国联邦政府对于该问题全面、系统的反思。此后，美国政府对经理层薪酬的管制不仅涉及受管制行业，更扩展到了制造业等非管制行业。Graef Crysta 批判了古典经济学中经理人薪酬应由劳动力市场供求关系自发决定的观点，他认为由于经理人薪酬的制定者——薪酬委员会、外部薪酬咨询公司与经理层的合谋，造成了薪酬制定过程中经理人才能的需求方与供给方之间的严重信息不对称和由此所导致的谈判中二者的非公平地位，这一系列的因素引发了美国公司经理层薪酬的日益飞涨。Graef Crysta 主张 SEC 与 FASB（财务会计准则委员会）应在经理层薪酬制定过程中发挥关键性作用，以保障股东及其他相关者的利益。随后，研究者将美国企业与当时最大竞争对手——日本企业的竞争力进行了对比，他们发现美国企业经理层过高的薪酬水平以及高管与普通员工之间的过大收入差距，是阻碍美国企业竞争力的一个重要因素。Graef Crysta 等人的观点无疑在当时的崇尚自由主义经济、重视减少政府干预的美国产生了极大影响。投资者开始质疑：支付了经理层如此高的薪酬之后是否带来了公司业绩的大幅度提高？

到了 1992 年的美国总统选举时，对美国经理层过高薪酬的限制已成为了两党竞选人共同的竞选纲领，Bill Clinton 承诺将改变经理层薪酬从企业税前收益全额扣除的规定；Dan Quayle 在竞选宣言中则警告美国大型企业应削减经理层薪酬中与业绩不相关的部分；Bob 认为当企业加速亏损而经理人仍能够获得数百万美元的收入是不可接受的；Paul Tsonga 认为过高的经理层薪酬伤害了美国企业参与国际竞争的能力[①]。1992 年 2 月 SEC 要求美国上市公司在公司代理报告中单独披露经理层薪酬中与股东利益无直接联系的部分。1992 年的 4 月，美国众议院开始收到"公司经理层收入超过最低工人收入 25 倍以上部分不得税前扣除"的提案；同年参议院也收到了"公司薪酬社会责任法案"（Corporate Pay Responsibility Act），法案提议

---

① Politics and Policy—Campaign' 92：From Quayle to Clinton, Politicians Are Pouncing on the Hot Issue of Top Executive's Hefty Salaries ［N］. Wall Street Journal, 1992-01-15 (1).

给予股东更多的权利质疑与薪酬相关的公司政策①。1993 年美国国内税务局将经理层薪酬中基础薪酬（与业绩不相关的部分）超过 100 万美元的部分定义为不合理的经理层薪酬，不允许公司作为成本费用从应纳税所得额中扣除，并将其正式纳入国内税收法案第 162 节。同年，FASB 也要求将授予经理层的薪酬期权价值从公司盈余中予以扣除。

尽管美国政府关注了经理层过高的薪酬，但在管制方法上，并没有直接针对美国经理人薪酬的绝对数额实施管制，其持有的观点与 Jensen 所提出的一样——即"董事及高管薪酬不在于给多少，而在于如何给"。此时美国政府主要是对与公司业绩不相关的高额薪酬实施管制，而对于真正造成美国经理人高额收入的股票期权和受限制股，却认为这一系列的机制有助于激励经理人切实履行职责、降低企业的代理成本，更多地采取容忍和接受的态度。随后，Rose、Wolfram（2002）针对国内税收法案第 162 节的效果进行了检验，他们发现仅有微弱的证据支撑这一现象：受到薪酬最高扣除限额影响的公司在接近限制时会降低经理人现金工资数额和增长率。且这一结果具有不稳定性，从经理层的总体薪酬来看，税收法案难以产生实质性的影响，这一点与实践中对董事会成员及薪酬咨询顾问的调查意见相一致。例如当时苹果公司的首席执行官乔布斯给自己开出的年薪的确是 1 美元，但如果考虑其认股权的价值，2000 年即使以股权兑现价值的 1/3 为标准，乔布斯的薪酬总收入已达到 3.81 亿美元。1999 年，CA 公司的王嘉廉依靠认股权成为年薪最高的首席执行官，其薪酬为 5.07 亿美元。Rose 等人还发现，通过政府制定薪酬管制条例规范经理人的薪酬，远不如由各个公司的利益相关者集团对公司个别施压的效果明显。

总体来看，美国政府尽管针对上市公司过高的薪酬制定了法案，但其

---

① Executive Pay：A Special Report ［N］. Wall Street Journal, 1992-04-22（2）.

实施效果不甚明显。其关键原因在于美国政府在实施管制行为时所持有的原则仍然是坚持股东至上。相比于来自劳工联盟和消费者对经理层过高薪酬的抵制，决定政党选举和政治酬金关键来源的大型股东才是政府真正关注的对象。现有研究已经表明，股票和股票期权是决定公司业绩表现的重要因素，管制股票和股票期权必然使得经理层的工作积极性降低，损害股东利益，这是美国政府所不愿意看到的，也是美国社会所不能接受的。美国的政府薪酬管制法案更多地被视作是安抚美国公众和低收入劳工阶层的一发烟幕弹，有管制之名却无管制之实。

2. 中国国有企业的薪酬管制背景

我国企业的薪酬管制一般而言特指国有企业的薪酬管制，其具体内容伴随着我国政治体制的改革和经济的发展不断进行着调整。从总体来看，大致可以分为三个的阶段：

（1）计划经济时代的薪酬管制。

计划经济时代下，企业被视为是国家财政部门的附属体，按照国家指令性计划生产销售商品，不是作为独立自主经营的实体而存在的，自然也就无权自主决定企业管理人员工资的多少与变动。早期统一由国务院授权中央劳动部负责全国劳动工资问题，后期由企业主管行业部门负责制定国有企业工资。这一时间段的管理者从严格意义上说并不是真正意义上的经理层，企业管理人员更多地被视为是具有行政级别的国家干部。政府与企业之间发生着频繁的人事调动，管理人员的工资与企业的经营业绩没有直接联系，更多与其行政级别挂钩。当时普遍实行职务等级工资制度，按照地区、产业、企业和科室等变量来确定管理人员的工资，目的是建立统一的国家机关、事业单位和企业的干部工资制度。部分地区（诸如：吉林、辽宁）甚至直接实施的是国家干部的工资制度。管理者的经营才能没有得到充分认识和承认，与同等级的技术人员没有明显差别，企业没有专门的针对管理人员的奖励制度，在中华人民共和国成立之初曾经一度实行的双薪奖励制度也被取消。国家不仅通过工资等级对经理层的收入数额实施严格的限制，对其增值速度上也实施了严格的管制。例如1956年的全国性工资改革中，国家发现经理层的工资比普通员工的工资增长幅度快得多，中央下令限制管理者的薪酬增长幅度，规定厂长一级主要领导干部的工资增长幅度不得超过13%。

政府对经理层实施的严格薪酬限制与当时广泛盛行的平均主义思想有着密不可分的关系。在建立社会主义新型工资制度的过程中，尽管强调了按劳分配的原则，但在当时如何评价管理者的才能和劳动量的多少，无论是理论界还是实务界都缺乏相应的方案。在实现社会主义改造以后，如何将社会主义企业管理者的贡献与资本主义企业经理层的贡献区分开来，更是当时争论的一个焦点。在"极左主义"的影响下，管理者能否创造价值的答案尚未清晰前，便给予管理者高于普通员工数倍的工资，意味着管理者对普通一线员工的剥削与压榨，与资本主义的腐朽制度无异。对不同形式劳动的差异的认定和不同形式劳动在价值创造中的作用的争论，最终造成了按劳分配的原则流于形式，实质造就了平均主义的大锅饭思想。

（2）改革开放至20世纪90年代初期的薪酬管制。

1978年党的十一届三中全会将党的工作重心从"以阶级斗争为主"转移到了"以经济建设为中心"上来，我国的经济体制改革也经历了从"有计划的商品经济"到"以计划经济为主，以市场经济为辅"再到"社会主义市场经济"的不同阶段，实现着从计划经济向市场经济的转轨。在这一转轨过程中，我国尝试了一系列的创新性改革措施（Naughton，1995）①，经理层的劳动力市场开始逐步形成（Groves et al.，1995）。中央政府对企业绩效促进的方式也从依靠政府主管机关的严格控制向依靠经理层的激励

---

① 诸如经济责任制、利润留成、利改税、承包制等。

转变。这一时间段内，国有企业先后实行了绩效工资、岗位等级工资、浮动工资制、承包制等一系列的激励措施，经理层被赋予了一定的经营自主权，企业厂长负责制在 80 年代中期逐步形成，经理层、企业、国家的权利、义务开始通过合约的形式 20 世纪得到正式规范和约束（Sah，1990），初步确定了经理层以业绩考核指标为基准的工资制度。经理层的劳动贡献得到了肯定和认可，收入上逐渐与同级别的技术工人拉开了差距。1982 年颁布的《国营工厂厂长工作暂行条例》中提到"由于改善经营管理，使长期亏损的企业改变落后面貌，由亏变盈满一年以上，厂长可以获得荣誉奖励或者物质奖励"。1986 年颁布的《国务院关于深化企业改革增强企业活力的若干规定》，对经营者的收入情况首次做出了规定，"如果经营者全面地完成了责任期的目标，那么他们的收入水平可以高于职工平均工资的一至三倍；做出特殊贡献的经营者的收入水平可以更高一点"。

在这一时间段内，随着社会主义经济体制改革的推进，管理者的贡献逐渐为社会所认识和承认，平均主义的思想桎梏开始被打破。在坚持按劳分配的基础之上，按贡献分配、按业绩分配的原则开始被纳入收入分配的基本原则之中，对经理层的激励机制开始尝试性地出现，在小范围的企业之中进行试点。但经理层薪酬奖励的绝对数额和奖励增长幅度仍然是被限制在一个相对狭小的区间内，政府对经理层的薪酬奖励保持了高度的谨慎，奖励数额和标准未通过正式的制度予以保证，存在着随时被取消的可能。

（3）20 世纪 90 年代初至今。

随着 1993 年党的十四届三中全会的召开，转换国有企业经营机制，建立"产权明晰、责权明确、政企分开、管理科学的现代企业制度"成为国有企业乃至整个经济体制改革的核心。股份制成为国有企业采取的主要形式，通过多元化产权主体的引入，规范了大型国有企业的现代化公司制运作模式，公司治理结构逐步得到完善，加强了对国有企业经理层的监督与约束。在这一阶段，西方代理理论的研究成果被广泛引入国有企业经理层的激励约束之中。在实现政企分开并取消企业行政别以后，经理层的政治晋升道路受到了一定的限制，薪酬激励取代政治晋升成为激励的主要方式。西方企业广泛采用的年薪制、股票、股票期权等开始在我国上市公司中频繁出现，但政府干预的色彩尚未从这些激励政策中完全抹去。

①经理层年薪制的管制。

这一阶段拉开薪酬改革序幕的是年薪制取代月薪制成为国有企业经理层薪酬的主要形式。1992 年上海轻工局选定了上海英雄金笔厂等三家企业为年薪制试点企业，将经营者的薪酬确定为 1 万~2 万元。随后深圳、四川、江苏、北京、辽宁等省市也开展了年薪制的试点改革。经过几年试点后，原劳动部经国务院同意颁布了《企业经营者年薪制试行办法》，正式推行年薪制。国务院国资委先后在 2003 年和 2004 年出台了《中央企业负责人经营业绩考核暂行办法》和《中央企业负责人薪酬管理暂行办法》，明确把年薪制作为国有企业薪酬制度的主要方式，国有经理层的薪酬激励开始从短期激励转为短期与中长期激励相结合的方式。年薪制的实施大幅度拉开了企业经理层与普通员工的收入差距，据按照上市公司公开披露的薪酬信息统计[①]，2005 年、2006 年、2007 年 A 股国有上市公司（非金融业）董事、监事、高管前三位年薪的最大值分别为 6 708 000 元（中集集团，000039），9 278 000 元（中集集团，000039），10 459 700 元（中集集团，000039），分别是当地平均工资的 210 倍、354 倍和 355 倍。过大的收入差距引发了强烈的社会反响，也引起了政府主管部门对于经理层薪酬是否过高的反思，纷纷出台了一系列的法规对经理层的薪酬予以规范和限制。例如：

---

① 统计数据来源于本书的样本选择，具体样本参见 3.3 节。

2007 年 8 月，山东省政府下发《关于加强企业工资宏观调控健全职工工资正常增长机制的意见》，其中明确规定国有企业在岗职工工资不得超过本地区在岗职工工资的 3 倍。

2007 年年底，上海市政府透露，上海将建立企业工资集体协议网上审查和企业工资收入分配情况行政函告制度。由劳动保障部门和企业主管部门进一步加强企业工资收入分配的监管和指导①。

2008 年北京市根据修订后的《北京市国有及国有控股企业负责人经营业绩考核暂行办法》对经理层实施业绩奖励时，其中一个附加条件是，对于当年本企业职工平均工资未增长的企业，企业负责人的绩效年薪也不得增长。

2008 年中纪委颁布了《国有企业领导人员违反廉洁自律"七项要求"适用〈中国共产党纪律处分条例〉若干问题的解释》（以下简称《解释》）。《解释》规定国有企业领导人违规自定薪酬、兼职取酬、滥发补贴和奖金情节较重的，给予撤销党内职务或者留党察看处分；情节严重的，给予开除党籍处分。

2009 年财政部印发《金融类国有及国有控股企业负责人薪酬管理办法（征求意见稿）》，规定国有金融企业负责人最高年薪为 280 万元。

我国政府对于国有企业年薪制的管制主要是对年薪发放的绝对数额和增速实施双向管制，薪酬是否过高以及是否应受到管制的主要判断标准以当地的平均工资或所在企业的职工平均工资为标准，而与企业的经营业绩或管理者能力的相关度不高。2006 年《中央企业负责人经营业绩考核暂行办法》中尽管将净资产收益率、三年主营业务收入平均增长率等企业业绩指标作为经理层评分的主要指标，但将其影响限制在非常狭小的范围内，例如：分类指标加分与扣分的上限为该项指标基本分的 20%。此后，部分

---

① 转引自：宁远. 政府干预企业工资的必要［N］. 中国商报，2007-12-11（9）.

研究者的经验证据认为国有企业经营者的年薪、持股比例与绩效均不存在显著的相关性，反映了经营者的收入并体现其激励效应（刘斌，2003；堪新民 等，2003）。但从另一个方面解读这类证据，也可能是因为政府对经理层薪酬绝对数额的限制使得经理层的收入无法体现其对经营业绩的全部贡献。

②经理层股权激励的薪酬管制。

2006 年中国证监会正式颁布了《国有控股上市公司［境内］实施股权激励试行办法》，热议已久的国有上市公司股权激励正式得到了制度上的支持，宝钢股份于 2006 年 12 月通过受限制股成为第一家正式实施股权激励的中央国有企业。以往的研究表明，当委托人信息劣势无法对代理人实施有效监督或监督成本过高时，通过授予代理人股票或股票期权等方式，能有效协调委托人与代理人的利益，减轻代理人败德行为所造成的损失（Haugen et al.，1981；Diamond et al.，1982；Scholes，1991）。我国国有企业的股权激励借鉴了这一理论研究成果，却显得格外谨慎。2003 年被紧急叫停的大型国有企业 MBO（管理层收购）成了国有企业股权激励的前车之鉴。郎咸平（2005）认为当公司治理结构不完善，以及缺乏相应的法规制度保护时，贸然实行股权激励，会导致国有企业经理人过低的股份行权定价，贱卖国有股权。

2006 年出台的股权激励文件对股权激励的制定权限和股权激励数额两方面进行了规定。如果说前者是郎咸平所提到的通过政府的严厉法规完善公司治理的范畴，那么后者则是政府对于企业家股权激励的直接干预和管制。文件不仅规定了授予经理层的股份比例和购买价格，还规定了经理层所能获得的预期收益。在股权激励实施成熟的发达资本市场中，为了保证原有股东对公司的控制权和对经理层的激励效应，有可能对授予经理层的股份数额和购买价格进行一定的规定，但这一权限是被授予的公司的股东大会所决定，而非证券管理部门。当国资委员代表国有股东对股权激励政策行使表决权时，中国证监会管制授予经理层股权的最高数额，容易造成国家所有者与国家行政管理者身份的混淆不清，导致政企不分。中国证监会对于经理层预期从股票或股票期权获得的收益不得超过总薪酬30%的限制可能影响设置经理层股权激励的初衷。西方经理人主要通过股票及期权获得报酬，相比之下，我国国有企业经理人股权激励在授予比例和收益上的刚性限制，使得股权激励更大程度上被视为是一种福利而非激励机制。

3. 中、美企业薪酬管制的对比分析

从前述分析来看，无论是崇尚自由主义经济的美国还是经历着从计划经济向市场经济转轨的中国，均存在不同程度的薪酬管制。但两者在管制目标、管制措施和管制实施手段以及经理人对待管制的态度上均存在一定的差异性。

（1）管制目标的差异。

Stigler认为政府并非超然的中立者，它也是一个利益集团，也一样追求自身效用的最大化；政府管制的目的在于迎合利益集团的需要，以换取利益集团在政治竞争中的支持。中美两国政治体制的差异决定了政府服务的利益对象的不同，也就决定了管制目标的不同。在美国资本主义社会中，尽管政府也一定程度上也关注社会公平，但投资者的利益保护始终是处于第一位的，实施薪酬管制的目标是约束代理人的自利行为，保护股东利益。特别是当股权高度分散化，经理人形成对企业的内部控制时，政府的这一行为显得尤为必要。我国的社会主义政治体制决定了政府服务的主要对象是社会公众。由于经济体制改革不可避免地造成了社会成本的增加，加剧了社会的不稳定因素，在加大对经理层激励、提高公司业绩的同时，保证改革稳定进行，缩小社会收入差距，成为我国薪酬管制的主要目标。

中美文化的差异是导致两国管制目标差异的另一重要原因。Barkem、Vermeulen（1997）认为公司与社会文化的匹配性决定了公司行为在所处社会的合法合理性。当转轨国家采用与经营业绩相关的经理层激励计划以提高生产效率时（Shcherbako，1991），会引发生产效率与社会主义公平理念的紧张关系（Chen et al.，1997）。管制的公共利益理论认为政府对经理层薪酬的管制取决于经理层是否破坏了社会公平、影响了社会公共利益，不同文化背景下的公平观念决定了是否需要对薪酬实施管制和对什么样的行为实施管制。分配公平理论（Deutsch，1985）将分配公平划分为三种标准，分别是结果公平（Equality）、投入产出公平（Equity）和需求公平（Need）。其中结果公平强调的是分配数额的绝对公平；投入产出公平强调的是分配数额与贡献相联系下的相对公平；需求公平强调的是分配应结合个体的不同需求实施分配。经验研究表明，在坚持集体主义的社会主义国家中，结果公平的信念被社会广泛接受；而在倡导个体自由主义的西方发达国家，社会更多持有的是投入产出公平的观念。（Bond et al.，1982；Beatty et al.，1988，Meindl et al.，1989）。尽管我国经历了由计划经济向市场经济转轨的这一制度性改变，但变革并未对社会文化背景中的公平观念发生实质性的影响（Giacobbe Mill et al.，2003）。中美文化背景的差异决定了美国政府管制只需将经理层的薪酬与其付出相配比即可被社会所认同和接受，而中国政府的管制只能使经理层与社会平均收入差距不至于过大才能为社会公众所接受。

（2）管制措施的差异。

管制目标的不同决定了管制措施的差异性。在管制过程中，为了不伤害经理层的积极性，美国政府更多地选择弹性管制方式，不对经理层薪酬绝对数额做出硬性规定，而对薪酬与业绩的相关性做出引导，这一管制方式具有灵活、高效、适应性强的特点。Perry、Zenner（2001）发现美国政府在实施柔性管制后充分保障了股东的利益，提高了薪酬对股东收益的敏感度，降低了基本工资在总报酬中的比重。我国企业尽管在理论上对经理人价值持肯定态度，但在实践中对经理层的薪酬实施着严格的刚性管制，无论企业经营业绩的好坏、规模的大小、经理层所需承担风险的多少，薪酬的上限统一与当地平均工资或员工平均工资挂钩。这一安排可能使得经理层薪酬越来越脱离实际，从而引发一系列严重的道德问题。

（3）管制实施手段上的差异。

管制实施手段主要是指政府通过何种方式达到管制目标，美国的薪酬管制主要通过税收立法形式实现，而我国的薪酬管制主要是依靠政府强制性的行政法规和命令来实现。相比立法过程的严格和法律的持久性，行政法规具有随意和易变的特性。我国管制政策的制定机构，具有政出多门的特点。我国财政部、中纪委、国家发改委、国务院国资委、地方人民政府相关部门等都先后制定了各自的管制条例，其适用范围上存在着部分重叠，各部门的法令甚至存在相互矛盾的现象，例如：国家发改委曾规定国企高级管理层最高年薪不得超过职工年收入的 8 倍；2005 年全国政协副主席、中国工程院院长徐匡迪透露，国有企业管理层年薪最高额限制被初步定为不得超过员工平均工资的 14 倍；2005 年上海市规定国有企业经理层最高收入不得超过 40 万元；2008 年北京市国资委规定企业负责人最高收入不得超过员工平均收入的 12 倍。各种行政法规制定的随意性以及它们之间的相互矛盾使得这些法规难以得到实质性地贯彻实施，部分法规流于形式。另外，行政法规的朝令夕改使得经理层对未来的预期充满了不确定性，长期激励机制受到影响。

（4）经理人对管制态度的差异。

管制意味着经理人无法获得正常报酬，也意味着经理人效用值的降低。当美国政府实施管制时，企业家更多是表达不满或不愿意接受管制，他们通过采用政治游说、政治献金等方式，力促政府减少对企业的干预。从最后实施的法案来看，也确实为美国的企业家留下了大量的操纵空间，使得管制政策限制了经理人的薪酬结构，却未限制经理人薪酬总额。张涛（2003）的调查研究发现，我国的企业家尽管认为现行的薪酬体制激励措施单一，对经理人的激励不到位，但是当他们真正按照现行合同领取薪酬时，却不敢多拿，而且不愿多拿，存在"患得患失"的心理作用。一定程度上，与其说是国家对经理人实施管制，不如说部分经理人是在自己主动迎合管制。一个典型的案例是，2008 年 2 月，四川省政府一次性拿出 5 700 万元奖励各类优秀工业企业，其中 8 户企业 2007 年销售收入首破 100 亿元或再跨 100 亿元台阶，其高管个人各获重奖 100 万元。社会和媒体关注这些高管会如何处置这笔奖励时，这些国有企业的高管一律表示会"交公"。获奖的中国东方电气集团公司党组书记、董事长王计告诉媒体："我们是国有企业，实行的是集体领导，这个奖励是对企业团队的奖励，不是对我个人的奖励，因此我不能揣腰包。"

2.1.3　我国国有企业实施薪酬管制的原因分析

政府实施管制的原因主要有两种解释：公共利益理论与管制俘获理论（Viscusi et al.，2000）。公共利益理论假定政府是公正的"守夜人"，政府管制在于解决市场失灵以及公共产品供给不足的问题，其目的在于保证私人收益的同时兼顾社会公平和社会效益。管制俘获理论（Stigler，1971）认为政府管制的目的在于迎合利益集团的需要，以换取利益集团在政治竞争中的支持。公共利益理论与管制俘获理论共同作用于我国国有企业的薪酬管制。下文中，笔者将主要以上述两种理论为依据，对我国国有企业薪酬管制的原因展开分析：

（1）我国作为一个以公有制为主体的社会主义国家，经济资源的所有制形式是决定我国企业经理层薪酬管制的根本原因。我国宪法第六条明确规定，我国生产资料社会主义公有制由全民所有制和劳动群众集体所有制构成。国有企业作为公有制经济的基础，从控制权来看，尽管主要是由中央或地方人民政府所掌控，在政府作为代理人掌控其国有资本的背后，是数以亿计的全民所有者或集体所有者。因此，国有企业的实质性股东，比非国有企业范围更广、数量更多。社会公众有权利以所有者的身份质疑国有企业的经营状况和经理层的薪酬水平（很少有社会公众去质疑民营企业的经理人收入）。另外，国有企业从设立之初，就兼具了保证市场供应、维护社会稳定、解决社会就业等一系列的社会责任，维护社会公平与效率是国有企业与生俱来的义务和职责。因此，相较于非国有企业，社会公众有权以社会参与主体的身份，对国有企业的经营是否符合社会整体效应做出评论或提出质疑。我国社会公众两种身份的交织使政府加强迎合社会公众的需要，以维护社会公平为目标对国有企业经理人实施薪酬管制。

（2）我国国有企业管理过程中多层次委托代理关系造成的信息不对称以及业绩评价体系的滞后是造成薪酬管制的直接原因。政府管制的目的在于弥补市场机制的缺陷。古典经济学中依靠市场自由出清，发挥市场在资源配置中高效、低成本特点的前提条件在于：①信息充分的劳动力出售者；②信息充分的劳动力购买者；③双方处于公平公正的自由谈判地位①。国有企业终极所有者——全体人民通过层层委托代理关系②实现对国有企业的间接控制，随着委托链条的增多，信息在层层委托链条的传递过程中存在着耗散、失真和误解（Groves et al.，1994）；在政绩考核压力下，地

---

① GRAEF S，CRYSTAL. Why CEO Compensation is so high ［J］. Calfornia Mangement Review，1991，34（1）：9-29.

② 郭复初教授认为全体人民对国有企业的管理是通过全体人民委托全国人民代表大会，全国人民代表大会委托中央人民政府，中央人民政府委托地方人民政府，地方人民政府委托国有资产监督管理委员会来实现对国有企业的管理。

方人民政府和国有企业管理人的自利性动机使这一问题更严重（黎凯 等，2007），加之公开信息披露制度的不完善①，使得作为终极所有者的社会公众无法依靠其所能获得的信息对经理层的努力和贡献做出合理的评价，管理者才能的购买双方处于一种严重的信息不对称状况，其结果是：一方面，处于信息优势的管理者被政府通过金字塔式的控股权授予了更大的经营自主权（Fan et al.，2005），经理层名义上由董事会定薪酬，但实质上自定薪酬的情况层出不穷；另一方面，社会公众无法对经理层的工作能力做出实质性的评价，特别是当国有企业经营目标多元化或企业利润主要来源于垄断权力时，分离国有企业的垄断利润与经理人的贡献显得尤为困难，业绩评价体系的滞后使得社会公众难以对国有企业的经营者做出公正评价。当缺乏有效的判断标准时，社会公众只能够依靠当地的平均工资对经理层是否得到过多的报酬做出判断。近年来，新闻媒体对于经理层薪酬的报道和对社会舆论的引导，也多是以"天价薪酬""国企老总工资是普通员工工资的多少倍"等字眼出现，只问报酬，不问经理人的付出和贡献，强化了舆论压力，引发了政府的重视并采取管制行为。

（3）多种替代性补偿机制的存在使得经理层薪酬管制存在可能性，也使得政府对社会公众的安抚与经理层的激励能够达到一种相对平衡状态。陈冬华等（2005）认为基于业绩的薪酬安排无法有效实施时，替代的制度安排可能就会应运而生，譬如政治晋升、在职消费等。相对于经理层显性薪酬的公开披露，政治晋升、在职消费难以通过公开信息为社会公众所了解②，也难以为监管部门准确监控。Alchian、Demsetz（1972）从信息成本

---

① 普华永道于 2001 年 1 月发布了一份关于"不透明度指数"的调查报告。普华永道"不透明度指数"的分项调查包含了会计准则与实务（含公司治理与信息披露）的"不透明度"研究。根据报告，中国的不透明度指数为 86，仅次于南非（86），与发达国家相比仍有相当大的差距。

② 目前的在职消费难以从现行报表体系中完全体现，除了部分企业在现金流量表中通过支付的其他与经营活动相关的现金流量项目披露部分在职消费项目以外，大量的企业或者不披露，或者直接把在职消费项目计入期间费用或产品成本。

角度阐释了在职消费的内生性，他们认为，为杜绝上述机会主义行为所要耗费的成本可能高于由此带来的收益。当政府通过隐性契约一定程度上允许国有企业经理人追求在职消费时，薪酬管制才成为可能，否则将导致经理层的离职或卸责行为。一方面政府顺应民意管制薪酬，另一方面又可通过在职消费、政治晋升补偿经理层的货币薪酬损失，使得社会公众、政府、经理层三者之间达到一种相对均衡。

2.2　会计信息透明度的内涵与度量方法

2.2.1　会计信息透明度的内涵辨析

信息透明度（Transparency）的概念最早是由前美国证券交易委员会（SEC）主席阿瑟·利维特（Arthur Levitt）于 1997 年在关于高质量会计准则的演讲中首次提出的，随后引起了会计界对这一问题的热烈讨论。从字面意思理解，透明意味着客观、公正、如实地反映企业的本来面目和真实情况，不为某个利益集团弄虚作假、刻意粉饰会计报表，也不遗漏可能存在的不利因素与风险。就具体含义而言，信息透明度本身是一个含义极为广泛的概念，至今学术界也未能形成统一的定义。概括起来，信息透明度的含义可以划分为以下几类：

（1）将透明度作为会计信息的一个质量特征。如 1996 年 4 月，美国证券交易委员会在其发布的评价国际会计准则委员会（IASC）"核心准则"的声明中，将"高质量"解释为可比性、透明度和充分披露。

（2）将透明度解释为一个包括会计信息在内的公司所有信息的质量特

征的总和。如巴塞尔银行监管委员会 1998 年将信息透明度定义为"公开披露可靠与及时的信息，有助于信息使用者准确评价银行的财务状况、业绩、经营活动、风险分布及风险管理状况"，并认为透明的信息特征包括全面、相关、及时、可靠、可比和重大；葛家澍和陈少华（2002）认为，广义的透明度包括了信息高质量的全部含义，它由中立性、清晰性、完整性、充分披露、实质重于形式以及可比性构成，并同时建立在相关性和可靠性的基础之上。

（3）把透明度作为相关信息机制作用下信息系统的综合输出结果。如 Bushman 等（2004）指出公司透明度是公众上市公司的特定信息相对于公司外部人的广泛可获取性，它是信息系统中各信息元件相互作用的共同产出，即在这个系统中，各信息元件共同地生产、集合、验证相关信息，并将最终信息传播给公司外的市场参与者。

（4）基于信息使用者为中心的公司信息透明度。如美国注册会计师协会财务报告特别委员会在《改进企业报告——着眼于用户》中将对信息使用者的关注作为未来企业财务报告的方向，这其实是将公司信息透明度最终立足于信息使用者对公司信息的充分获取和理解上[①]。

从透明度内涵的历史发展来看，先后经历了从狭义透明度到广义透明度，从以编制者为中心到以使用者为中心的过渡。这一系列的转变始终围绕着投资者如何通过公司的信息披露了解企业的真实情况，以及保护投资者的利益而展开。按照张程睿、王华（2005）对信息透明度内涵划分的四种方式，笔者认为对于信息透明度内涵的理解应当包含两个层次：第一应当分析信息透明度在会计信息质量特征中处于什么样的层次，与现有信息质量特征是一种什么样的关系；第二应当考虑信息透明度的定义是从什么

---

① 张程睿，王华. 公司信息透明度：经验研究与未来展望［J］. 会计研究，2006（12）：54-60.

角度出发，以编制者为中心还是以使用者为中心。

回顾信息透明度概念提出的历程，其主要是为了打击"数字游戏"和对付"盈利操纵"，为用户提供高质量的相关信息。这一概念的提出并不是对原有信息质量特征的局部修补，而是从更高的角度对信息的质量提出了整体的要求和期望，具有纲领性的指导作用。因此，对于第一个层次，笔者认为应当从广义上对信息透明度进行理解，将透明度作为高质量会计报告的代言词和质量标准，置于会计信息质量特征的最高层次，包含相关性、可靠性、可理解性、重要性等一系列的质量特征，并将这些特征统一纳入透明度的框架范围内，贯穿于信息产生传递的全过程，既包含信息编制中的实质透明又包含信息传递过程中的形式透明。

对于第二个层次，笔者认为信息透明度应始终坚持从使用者的角度出发。对编制者单方的质量要求不足以保证信息透明，当信息使用者接收到相关信息以后，还会对信息的真实度进行判断和认定。只有以信息使用者可信的方式编制、披露具备高质量特征的会计信息，才能为投资者所接受，才能有助于资本市场资源的有效配置（王雄元，2008）。将上述两个层次综合起来，会计信息透明度就是从投资者的需求出发，客观、公正、如实地反映企业生产、经营、财务等多方面的信息，减少投资者与企业之间的沟通障碍，帮助投资者能够以较小的信息成本全面、正确地理解公司情况，做到信息的实质透明与形式透明相结合，以保护投资者的合法权益。

2.2.2 信息透明度的现行度量方法评述

当大多数研究者将信息透明度视为高质量会计信息的代言词时，对信息透明度经验研究的问题开始凸显。究竟是从现有信息质量特征中选取一个或若干个指标作为会计信息透明度的替代，还是通过对现有质量特征的组合，或由研究者自创指标体系来对信息透明度进行检验？对这一问题学界尚未形成共识。从现行的主流衡量方法来看，主要包含了以下几类：

1. 以单个指标作为信息透明度的替代

（1）以信息披露的数量，特别是自愿性信息披露的数量作为信息透明度的替代性指标。

Botosan（1997）采用了年报中自愿性披露的五个项目数量作为信息透明度的替代，汪炜和蒋高峰（2004）采用了临时性报告和季报的数量衡量。

采用信息披露的数量衡量透明度，潜在假设是披露的信息均真实有用且高质量。但是 Lang、Lundholm（2002）以及王建峰（2004）的研究指出披露本身并不必然导致透明，有时拥有不利消息的企业更热衷于自愿性信息披露，经过"披露管理"（Disclosure Management）以后的财务报告，随着其披露数量的增多，不仅不能保护投资者的利益，反而沦为大股东和经理层获取私人收益的主要工具（Schipper，1989）。为了实现透明，必须提供及时、准确、相关和充分的定性与定量信息披露①。

（2）以会计报告遵循的会计准则质量作为信息透明度的替代变量。

Leuz、Verrecchia（2000）以德国公司按照不同会计准则标准（German GAAP，USA GAAP，IAS）编制的会计报告作为信息透明度的替代性变量，发现采用国际会计准则和美国会计准则的公司买卖价差较低，交易量较高。Lombardo、Pagano（2000）检验了会计标准的差异是否能够解释各国 IPO（首次公开募股）折价之间的差异，发现会计规范更宽松、信息更加不透明地区的 IPO 折价更高。

清晰、准确的会计准则和相应的信息披露制度，只是为高透明度会计的实现提供了技术上的可能，只有当相关会计环境使得提供不透明会计信

---

① 巴塞尔银行监管委员会在 1998 的《增强银行透明度》研究报告中提出。

息的预期收益为负时，信息高透明度的实现才成为必要（崔学刚，2004）。Ball、Robin、Wu（2003）对执行国际会计准则的中国香港、泰国、马来西亚和新加坡的研究表明，由于当地政治经济环境对报表提供者的激励影响，使得当地的会计信息透明度较低，采用准则的类型并不足以保证高质量的信息透明度。

（3）以股票价格对会计盈余的反应程度作为信息透明度的替代性变量。

Joos、Lang（1994），Barth、Konchitchki、Landsman（2007）等人建立了基于市场反应的信息透明度测量方式。他们将度量的着重点放在了会计信息对于股票回报的解释力上，认为股票价格的变动能够反映出公司情况的变动。如果财务信息较好地体现了公司的情况，这一信息应充分反映在投资者的决策之中，继而反映在股票价格的变动上，股价变动对会计信息的相关性体现了信息的透明程度。

该种度量方式的优点在于它不同于 Jones（1991）模型等方法，需要设定一个公司盈余的理论值，将实际盈余与这一理论盈余值做出比较，才能判断信息质量的高低，而是假定在市场有效的情况下，回归于信息透明度以信息使用者为出发点这一本质，使信息使用者对信息利用程度做出判断，有效地避免了人为定义"真实"盈余中所存在的主观判断和测量误差。然而投资者的决策过程还受心理因素等一系列非理性因素的影响，加之"庄"的存在，对股票价格的操纵（鲁桂华 等，2005）和宏观经济形式对股票价格的影响使得股票价格存在太多的不确定性因素。以市场为基础的信息透明度度量方式更适宜被视为对传统透明度衡量方式的补充而不适宜被单独使用（Barth et al.，2008）。

2. 以传统会计质量特征中的若干个方面作为信息透明度的替代

由于传统信息质量的属性较多，以该方法度量信息质量的研究者，一般而言，只能选择信息质量特征中的一个或几个方面，例如：应计项目的质量（Francis et al.，2005）、盈利持久性（Penman et al.，2002）、可预测性（Lee，1999）、盈余平滑度（Chaney et al.，1995）、即时性（Ball et al.，2000），谨慎性（Watts，2003）。

该领域的代表性研究是 Bhattacharya、Daou、Welker（2002）采用的以收益激进度（Earnings Aggressiveness）、损失规避度（Loss Avoidance）和收益平滑度（Earnings Smoothing）三个维度作为收益不透明的概念（Earnings Opacity）的替代性变量，并在此基础上建立了一个汇总的透明度指标对整体信息透明度进行度量。Bhattacharya 等人倡导的多角度的信息透明度的评价机制成为后续研究者竞相模范的范例，我国大量的研究者纷纷采用了这一方法，例如：王艳艳、陈汉文（2006）以稳健性、及时性和收益激进度作为信息透明度的代理变量。杨之曙、彭倩（2004）采用收益激进和收益平滑度考察中国证券市场信息透明度的特点和发展趋势。

该研究方法的优点是将传统信息质量特征与信息透明度联系起来，这一做法体现了信息透明度的本质特征和对会计信息质量的要求。然而这一做法的不足也是显而易见的，究竟应当选择什么样的信息质量特征作为信息透明度的替代变量目前尚无统一定论，多数来自于研究者的主观判断，难以将实证研究与透明度的理论框架联系起来。此外，研究者对个别指标是否透明的判断取决于与"真实信息"的比较，真实信息具有不可知的特点，只能够通过研究模型实施间接模拟。因此，这一方法对于研究者的主观模型设定和数据具有相当高的敏感性和不确定性。

3. 权威机构经过广泛调查，定期发布各地区、各公司的信息评分与等级评定

比较有影响的包括标准普尔公司推出的"透明度与信息披露评级"方法，普华永道 2001 年发布的"不透明指数"，美国 AIMR（投资管理与研

究协会）的披露指数，台湾证券暨期货市场发展基金会的"信息披露评鉴系统"。我国深交所也从 2001 年开始建立上市公司的信息披露评级制度，分别从信息披露的及时性、准确性、完整性和合法性进行等级评价，划分为不及格、及格、良好和优秀四个等级。

权威机构的评分方法具有公开、权威、易获得、历年可比等优点。但是大部分权威机构的评分结果比较单一，仅划分为合格、不合格等有限的几个项目，对于评价的详细内容披露不够。部分指标的评比仅建立在国家层次透明度的比较上，未建立公司层次的透明度比较指标。

4. 研究者个人所建立的指标体系

由于前述透明度衡量指标的不足，部分研究者开始结合自身的研究目的，尝试利用公开披露的信息资料，自创透明度的衡量指标。比较有名的包括 Botosan（1997）、Bushman 和 Smith（2003）、崔学刚（2004）等人所创立的指标体系。

Botosan（1997）立足于年度报告，将年报信息分为背景信息、历史信息汇总、关键的非财务信息与统计、前瞻性信息、管理层讨论与分析五个大类，然后对每个大类中的关键点信息的披露情况打分（提供了某条信息的给 1 分，如果在该条信息中还含有报表上未曾出现的数字信息再加 1分），最后按照不同的权重加权平均形成对公司总体的信息披露评价指数。Bushman、Smith（2003）指出一个完善、有效的公司信息透明度指数应当包括三个主要方面：公司报告（自愿和强制）的数量和质量（包括上市公司信息披露的真实性、及时性和可信性）；通过财务分析师、机构投资者和公司内部人实现的公司私有信息的生成和传递状况；信息传递的质量（包括信息渗透度和私人渠道与国有渠道的相对比例）。他们据此构建了自己的透明度指数。崔学刚（2004）选取了 41 个自愿性披露条目，按照公司自愿性披露条目的多少对公司的透明度打分，每自愿披露一个条目得一分，未披露的得零分，最后汇总得分即是透明度的总得分。韩慧博（2007）选取了审计意见、违规记录、年报补充与更正行为、及时性、经营预测五个变量衡量信息透明度的四个维度，即充分性、可靠性、及时性和明晰性，并采用主成分的方法将上述指标汇总构造为一个透明度的因子。

采用自建指标方法衡量透明度最大的缺陷是不可避免地带有研究者个人的主观判断，在分指标的选取上和指标权重的确立上都缺乏客观的依据。部分研究者对指标的选取和计算过程缺乏清晰的披露和理论依据，使得研究具有不可复制的特性，也难以用于广泛推广。

2.2.3　信息透明度的指标选择

从对现行透明度衡量方法的总结和对其优劣的评述来看，当信息透明度成为高质量会计标准的代言词时，每一种方法都只能是对信息透明度的间接或部分度量，难免产生以偏概全的问题。笔者认为判断研究者所采取的指标是否恰当，不仅取决于研究者所选取的指标对信息透明度的代表性，还取决于研究者的研究目标。对于信息透明度指标的选取应坚持问题导向性的原则，脱离实际研究环境对信息透明度指标的评论只能是一种空谈。

1. 从本书的研究目标看信息透明度的选择

本书的研究目标是，探讨在国有企业薪酬管制背景下，经理人控制权收益将如何影响企业信息透明度的变化。因此，笔者将着眼点放在了管制的不良后果上，继而分析这些后果将如何影响信息透明度的变化。

会计信息作为经理层受托责任机制下的综合信息系统，是委托人建立经理人激励约束机制的主要依据。美国大法官路易斯·布兰戴斯（Louis Brandies）在《他人的金钱》中指出："阳光是最好的防腐剂，灯光是最好的警察。"① 信息透明可比作灯光，它把上市公司暴露在利益相关者的监督之下，可有效减少信息不对称的情况，减少经理人的败德行为和逆向选择行为。但从另一角度来看，当缺乏有效的公司治理机制时，内部人控制下的国有企业会计信息透明度质量实际上由经理人掌控，透明度的高低取决于经理人从信息透明度操纵中所能获得的收益与承担的成本，经理层追求非法个人收益时，有可能通过降低信息透明度来减少社会公众和主管机构的监督约束。

结合薪酬管制，政府干预下激励机制扭曲所导致的后果既可能表现为经理人的卸责，也可能表现为经理人寻求替代性的补偿机制。文炳洲、虞青松（2006）将经理人因薪酬管制所导致的心理失衡行为划分为三个层次：一是诱发"偷懒"等道德风险，即"你不按劳付酬，我就按酬付劳"；二是通过"寻租"等机会主义行为如在职消费、自肥交易等，满足自我需求，实现"体内损失体外补"；三是"挪用、贪污、盗窃受托企业财产，与审计师合谋"掩盖潜在问题。本书借鉴了文炳洲、虞青松对经理层自利行为三个层次的划分，分别探讨各层次经理层自利行为对信息透明度的影响，继而确定信息透明度的衡量指标②。

（1）经理人"偷懒"行为对信息透明的影响。

2004 年国务院国资委颁布了《中央企业负责人经营业绩考核暂行办法》，系统地建立了国有企业经理层业绩考核体系指标。其中对于考核值的确定，文件中明确规定以前三年考核指标实际完成值的平均值为基准。各地方国资委在确定考核基准时，也多参考中央企业的考核办法，以前三年的平均值作为考核的基准。当经理层薪酬存在严格的管制时，当年业绩

---

① 转引自：高雷，宋顺林. 公司治理与公司透明度 [J]. 金融研究，2007（11）：28-44. 原文是：Sunlight is said to be the best of disinfectants; electric light the most efficient policeman.

② 在此笔者并不认为经理人会操控会计信息透明度的各个方面，而是基于其利益进行选择性的操控。

指标的超过能够获得最高报酬限制时不仅不能获得薪酬奖励，还有可能形成"鞭打快牛"，提高以后年度的业绩考核基数。Healy（1985）发现此时经理层会有向下操纵盈余的动机。张鸣、张美霞（1999）认为参与式预算会导致预算松弛，一旦激励与预算目标挂钩，预算执行者就会利用参与预算的机会压低预算标准，由此产生预算松弛。笔者沿着经理人薪酬契约理论与预算松弛理论的两条理论分析发现，现行业绩考核办法和薪酬管制办法可能导致经理层具有实施盈余平滑的动机，薪酬管制的强度与向下操纵盈余的强度存在着紧密联系。

Leuz 等（2002）指出：人为地实施平滑盈余，操纵应计性利润，偏离了企业的真实业绩区间，减少了报告盈余的信息含量，降低了信息的透明度。魏明海（2005）、杜兴强（2007）认为由于盈余是一种最重要、最综合、投资者最为关心的信息，同时盈余也代表了最典型的会计确认与计量，因此盈余质量是会计信息质量的典型代表。因此，我选择将企业的操纵性盈余作为本书透明度衡量的第一个变量。

（2）寻租等机会主义行为对信息透明度的影响。

从现行的信息披露制度来看，经理层的寻租行为具有极强的隐蔽性，社会公众难以从公开信息渠道中察觉出端倪。由于在职消费是国有经理人寻租行为的最主要方式，在本书的研究过程中我选择将其作为经理层机会主义行为的代表。尽管企业会计准则对于在职消费的会计处理有明确、详细的规定，但在实务操作中，企业存在着多种变通行为，部分企业按要求将其计入管理费用、销售费用等项目，还有部分企业违规地将其计入生产成本。我国的现行信息披露制度没有对在职消费做出硬性披露的要求，部分企业通过现金流量表中的"其他与经营活动相关的现金流量"这一项目对在职消费进行自愿性信息披露。大量的研究表明，自愿性信息披露能够有效提高信息透明度，减少信息的非对称性问题（Healy et al., 2001;

Schrand et al., 2004)[1]。因此笔者选取在职消费的自愿性披露情况作为衡量透明度的第二个指标，直观考察什么样的公司倾向于自愿性披露在职消费的数据，以及受到薪酬管制的国有企业是否更可能由于追求过度在职消费而将这一信息隐藏于"黑幕"之下。

（3）经理人与审计师合谋对信息透明度的影响。

在现代资本市场中，所有权与经营权的分离使得注册会计师的独立审计成为保护投资者、防范会计舞弊的最后一道屏障。自20世纪90年代以来，世界范围内愈演愈烈的财务舞弊案表明，部分审计师不仅未能成为投资者的"把关人"，反而可能成为经理人的帮凶，审计合谋时有发生（雷光勇，2004）。冯均科（2002）认为国有股东"缺位"、管理者"强权"，是造成审计契约关系中角色错位、制度扭曲以及被审计人和审计受托人合谋的重要原因之一。经理人为实现与审计师合谋，采取的行为既包括对审计师直接实施贿赂、提高审计收费、购买审计意见等，又包括威胁、解聘、更换审计师。当审计师受到来自于代理人的诱惑或威胁时，除审计意见购买的收益分成比例、监管强度和惩罚力度（吴联生，2005）等要素外，一般认为事务所的声誉机制是抑制其"不道德合谋"的重要保证，大规模、高质量的审计师事务所更难以被代理人所俘获。

因此，当注册会计师的独立审计成为上市公司和国有企业的强制性要求时，薪酬管制下追求贪污、盗窃的经理人将可能更倾向于选择小的会计师事务所，"俘获"审计师，防止非法行为的暴露。本书将审计师选择作为衡量信息透明度的第三个变量。这一做法曾经也得到了Hyytinen、Pajarinen（2005）的认可。

---

① Lang和lundholm（2002）对此有不同的看法，认为经理层有可能是蓄意采取自愿性披露策略，影响公司股价。但一般而言，如果信息中间商是有效的，诸如审计师、分析师、专栏作家等能够有效地识别这一骗局，披露比不披露透明度更高一点，多披露比少披露透明度更高一点。

2. 从信息透明度的代表性看上述三个指标的选择

前文指出，信息透明度作为高质量会计信息的代言词时，对会计信息披露的数量、质量均提出了要求，不仅要求会计信息的形式透明，更要求其做到实质透明，因此好的信息透明度指标能够有效提升信息的数量与质量，实现信息的形式透明与实质透明。针对上述要求，本书将操纵性盈余作为信息质量和实质透明的代表，将经理层对在职消费项目的自愿性披露作为会计信息披露数量和会计信息形式透明的替代，将审计师的选择作为企业整体信息质量的综合衡量标准。此外，审计师作为信息披露前的最后一道屏障，有责任和义务对信息的表述方法是否恰当进行全面、系统的检查，以确保不会对投资者产生误导。审计师的选择一定程度上还决定了信息最终传递方式的恰当与否。结合本书的研究目的，笔者有理由相信，上述三个指标能够系统地、多角度地对信息透明度这一宽泛的信息质量特征进行综合性衡量。事实上，这一衡量方法也得到了 Graham、Harvey、Rajgopal（2005）的支持，他们将盈余管理和自愿性披露作为衡量财务信息透明度的指标，运用实验研究的方法考察了经理人操纵信息透明度的动机。信息透明度的指标选取与质量特征见表 2-1。

表 2-1　　　　　　　　信息透明度的指标选取与质量特征

信息透明度指标	信息透明度质量特征
在职消费自愿性披露	信息披露数量（形式透明）
操纵性盈余	信息披露质量（实质透明）
审计师选择	信息整体质量（实质透明、形式透明）

2.3 经理人薪酬合约与信息透明度

2.3.1 经理层薪酬合约对信息透明度的影响

当股权高度分散化，单个股东难以有精力和能力对企业实施管理、监督时，企业管理的中心开始从"股东中心"向"经理层中心"转变。现代代理理论的研究成果表明，经理层的业绩评价及薪酬合约不仅作为降低代理成本的有效措施，其本身的制定过程也是一个代理问题（Bertrand et al.，2001；Benz et al.，2001；Cyert et al.，2002）。一方面，经理层利用提名董事会成员的权利"挟持"董事会制定对其有利的业绩评价方式及薪酬合约（Benz et al.，2001；Bebchuk et al.，2003）；另一方面，经理层通过会计政策的选择，达到获取薪酬（Healy，1985）、分散私人风险（Amihud et al.，1978）等目标。无论是采用基于会计数据的薪酬合约还是采用基于股票价格的薪酬合约，现有研究均有证据表明，经理人通过对会计盈余的操纵获取了控制权收益（Benefit of Control）。

1. 基于会计数据的薪酬合约下，经理人对会计信息的操纵

早期的研究已经认识到经理人薪酬中与会计数据直接相关的奖金契约会导致经理人对会计记录方法进行自利性的选择和变更。Watts、Zimmerman（1978），Zmijewski、Hagerman（1981），Holthausen（1981）发现当经理人面临薪酬合约的激励时，有动机采用使收入增大的会计盈余方法，以最大化经理人薪酬，即假设经理人存在时间偏好，对当期奖金的评价超过以后年度的奖金。但早期的一系列研究具有结论不稳定的特点，

Hagerman、Zmijewski（1979）发现了不同的证据，他们指出经理人的薪酬合约与公司投资税贷方（Investment Tax Credit）的记录方式没有直接联系。这一问题的主要原因是研究者对经理人薪酬与会计盈余之间关系的研究过于简化，对于经理人奖金究竟是建立在什么样的会计盈余基础之上、经理是否在不同会计盈余区间存在不同操纵动机等问题，未能得出清晰和明确的结论。Healy（1985）在上述研究的基础之上，将经理人操纵会计数据的动机进一步细化。他将企业的会计盈余按照经理人所能获得奖励的情况划分为三种情况：一是盈余低于所能获得奖金的最低要求；二是盈余高于所能获得奖金的最高限制；三是盈余处于二者区间范围内。在三种不同情况下，经理人存在不同的会计盈余操纵动机，距离能够获得奖金的最低会计盈余要求过远时，经理人无望获得奖励，存在保留盈余为以后年度扭亏做准备的动机，即俗称的"洗大澡"（Big Bath）；当经理人处于能够正常获得薪酬的区间时，有动机尽可能地增加当期盈余，直至达到能够获得奖励的最高限额；当企业的会计盈余超过所能获得奖金的最高限额时，超额部分不能够为经理人带来额外的奖励且无法转移到以后年度，被无端浪费掉，此时经理人有动机降低当期的会计盈余，直至当期所能获得奖励的最高盈余限额，超额部分有待在以后的年度转回。

经理层薪酬合约对信息透明度的影响还依赖于公司内外部治理机制。Niehaus（1989）考察了管理者持股比例与外部股东股权集中度对经理层存货计价方法选择的影响，证明存货计价方法的选择同时受到股东利益和经理层利益的影响。由于所得税计税所选择的存货计价方法与会计利润计算的依据相一致，在物价上涨时后进先出法能够降低企业的盈余从而减少企业税收负担，符合股东的利益，但会因此降低经理层的薪酬回报。当经理层持有一定股份时，会同时受到薪酬激励与股权激励的双重影响：在持股比例较低时，薪酬的激励效用大于股权激励的效用，而在持股比例较高时则相反。因此，后进先出法的选择概率与经理层持股比例呈 U 形关系。Niehaus 同时发现当外部股东持股比例集中度越高时，越有动力和能力对经理层形成监督，在选择存货计价方法时更有利于保障股东的利益，存货计价方法中选择后进先出法的概率与外部股东的集中度存在正相关关系。

2. 基于股权激励的经理人薪酬合约下，经理人对会计信息的操纵

当经理层被授予股票或股票期权以后，在紧密联系所有者与经理人之间的利益关系时，也增大了经理层收入与股票价格的敏感性以及与企业相联系的私人风险。当这一风险不断积聚，超过经理人所能承受的最大水平时，经理人会通过销售股票来分散自己的私人风险（Ofek et al.，2000）。经理人销售股票或实施股票期权所获得的财富与行权时的短期股票价格直接相关。由于资本市场对股票定价时主要通过当期会计盈余对未来盈余进行预期，因此经理人有动机通过会计盈余的操纵保证短期股价的强势（Stein，1989）。

施乐、安然与垃圾处理公司（Waste Management）等财务丑闻的爆发与经理人实施股权激励存在着直接的联系。以施乐为例，2002 年 4 月，美国 SEC 发现施乐公司存在重大的财务舞弊嫌疑，要求其对 1997—2001 年的财务报告进行修正并重新报告，这一修正过程使得施乐公司共计减少了21 亿美元的收入和 14 亿美元的净利润。而在这一时间段内，施乐公司的CEO 行使期权的价值共计达到 2 000 万美金，这一数值几乎是舞弊案前股票期权行权价值的三倍①。

Cheng、Warfield（2005）发现，当经理人受到越多的股权激励时，经理人越有动机通过实施盈余管理迎合分析师的预测，使其既不会过多超出分析师预测，也不会显著低于分析师预测。在持有股权阶段，保持盈余的

---

① 转引自：BERGSTRESSER D, PHILIPPON T. CEO Incentives and Earnings Management ［J］. Journal of Financial Economics, 2006, 80（3）：511-529.

平稳增长，并在盈余公告后逐步抛售股票或行使股票期权套现。Burns、Kedia（2008）发现在有意识通过会计手段操纵误报财务报告的公司中，相对于非误报财务报告的公司，经理人有更高的期权行权率，大概超过非误报公司的20%~60%。Bergstresser、Philippon（2006）发现受到过度股权激励的经理人与操纵性盈余存在着显著的正向联系，经理人更倾向于采用激进的会计核算方法；经理行权当期，操纵性盈余在总盈余中占有相当高的比重，且显著高于其他年度和非行权公司。

2.3.2　所有者建立薪酬合约时给予经理人选择会计方法权力的原因

上述研究表明当存在多种可选择的成本计算方法时，代理人由于机会主义的动机，会在多种会计方法中选择最为有利的成本计算方法以实现自身收益。那么一个有趣的问题是：为什么所有者同意将经理人的薪酬合约建立在经理人可选择会计方法的基础之上，而非指定一种会计选择方法以缩小经理人可操纵的会计盈余空间？这一问题的解答有助于读者理解：为什么在薪酬管制下，不能简单地通过制定更为严格的会计准则和限制经理人对会计方法的可选择性来化解经理人的寻租行为。主要解释有三种观点：

1. 对代理人私人信息获取的需要

代理理论对委托人赋予代理人可选择成本计算方法的主流解释是：代理人掌握有企业真实情况的私人信息，这一私人信息不为所有者所知；委托人通过将会计方法的选择权赋予代理人，观察代理人的选择行为可以获取这一私人信息（Demski et al.，1984）。如果在披露性原则成立的条件下，经理层利用私人信息选择会计方法进行盈余管理，等同于委托人诱导经理层进行真实的盈余计算，自己实施盈余平滑（Baiman，1990）。然而，由于代理人可传递信息空间的维度小于代理人私人信息空间的维度（Penno，

1986)，前任委托人不能对后续委托人的行为做出提前承诺（Dye，1988），使得披露性原则在大多数情况下不可能成立。因此，相比于诱导经理层真实汇报，经理层错误地陈述企业会计信息、实施盈余管理，由委托人或审计师来予以识别，效率反而是更高的。Baiman（1990）等人进一步建立了委托人、代理人与审计师三者之间的博弈均衡，证实了最后的均衡状况是代理人采用多种会计方法操纵利润，审计师努力工作发现这种操纵情况来为委托人识别该情况提供帮助。

2. 不完善的合约下，企业价值最大化的需要

Jensen、Meckling（1976）认为通过所有者与经理人之间的薪酬合约安排可以有效降低所有者与经理人之间的代理成本。Klein（1983）发现由于缔约成本和不可预料的因素使得委托人与代理人之间的合约只能是一种不完善的合约，合约签订后，其代理成本仍然存在。由于合约的不完善性，作为现代公司经营核心的经理人拥有巨大的事后合约选择权，也被赋予了多种会计方法的选择权。Skinner（1993）认为不严格限制经理人可选择的会计方法的原因在于，经理人最有可能知道通过什么样的会计方法能够使公司达到价值最大化，即使这一选择是事后选择，其结果仍然是有效的。

3. 劳动力市场竞争和劳动力成本的考虑

Holmstrom、Costa（1986）认为在考虑劳动力市场竞争的情况下，尽管限定某一种会计方法可以对经理层的激励更加明确，但同时也会使得市场依靠该信息更好地对经理层的才能做出公正评价，将会增加经理层的机会工资成本，委托人必须为此付出更多报酬以激励经理层保持现有和未来的工作动力。

2.3.3 经理层薪酬合约对会计信息透明度影响的评述

经理人薪酬合约对会计信息透明度的影响再次证实了会计信息经济后

果观的思想。在不完全合约的视野下，代理人不是薪酬合约的被动接受者而是积极主动的参与者，当"管理者中心"成为现代公司管理的核心时，他们有能力和空间对薪酬合约产生正向的影响，薪酬合约的制定在于缓解委托人与代理人之间的代理成本，但其本身也可能引发更为严重的代理问题。经理人的薪酬合约是现行约束下委托人与代理人相互妥协下的博弈均衡，采用理论模型推导获得的最优薪酬合约尽管难以在现实中得到实施，但这并不妨碍其存在的积极价值。随着现行薪酬合约的实施，有助于改善委托人与代理人之间的代理关系与力量对比，从而改变双方的信息不对称状况，为新的更优合约奠定基础，实现经理人薪酬合约向最优合约的动态逼近。

政府采用行政性手段对经理层的薪酬合约实施干预，打破了上述的良性循环，武断地破坏了现行的博弈均衡状况。在多期博弈的条件下，政府的机会主义行为一方面可能导致经理层对事前投资的扭曲，另一方面，经理人由于无法对事后行为进行合理预期而可能采取更大程度的机会主义行为，这其中就包括降低信息透明度以获取未来谈判中的优势地位。信息环境的恶化，意味着委托人与代理人之间将处于一种更加不对称的地位，经理人的寻租行为将大量存在。特别是当国有企业的层层委托机制导致实质监督弱化时，这一问题将显得尤为严重。在下面的几章中，笔者将详细检验和分析国有企业的薪酬管制如何导致了透明度的降低。

3　薪酬管制的描述性统计与特征分析

3.1　薪酬管制的度量

由于我国薪酬管制的特殊性，在相关管制程度的度量方法上无法借鉴国外的研究成果①，只能依据我国薪酬管制的特点和背景具体问题具体分析。国内文献对薪酬管制的度量主要采用了两种方式。

1. 基于管制的方式和特点对薪酬管制的程度予以度量

依据第二章的分析，我国薪酬管制所采取的主要方式是限制经理人与国有企业普通员工的收入差距，因此，陈东华等（2005）将行业调整后的高管人员人均薪酬与员工人均薪酬的比值作为薪酬管制程度的度量。该方法的优点是简单易操作，但缺点是将经理人薪酬与员工薪酬相联系只是管制方法的一种，不够全面。其他的管制手段还包括与社会平均工资相联

---

① 美国的薪酬管制是采用税收法案对全国的上市公司采取一刀切的方式进行管制，因此所有企业的受管制程度是完全相同的，没有设定专门的指标来衡量不同企业的受管制程度。而我国的薪酬管制没有统一的规定，多是由各个地区和主管部门依据当年和当地区的实际情况临时确定的。

系、适当控制薪酬的增长速度等。在国有企业特别是垄断国有企业中，不仅经理人的薪酬受到管制，普通员工的工资也不同程度地受到管制，例如山东省 2007 年规定，国有企业在职员工的工资不得超过当地在岗职工平均工资的 3 倍①。因此，以经理人与员工的相对薪酬作为代理变量可能无法全面、真实地反映受管制的强度，存在低估的可能性。

2. 基于市场定价模型下，经理人薪酬管制程度的度量

采用这种方式的研究者将度量方式的选取回归于薪酬管制的本质，从薪酬管制的定义来看，它是政府对市场定价行为的行政干预。因此，管制的程度是与定价机制的扭曲程度相关联的，当经理人的正常市场化工资与实际工资的差距越大时，受的管制程度也就越强。该方法的基本思想是明确影响经理人正常薪酬的关键要素，采用非国有企业的数字估计正常薪酬的预测模型，并将国有企业的关键影响要素的变量值代入这一模型中，预测出国有企业经理人薪酬的正常数值。将预测值与实际值之间的差距作为薪酬管制程度的度量。辛清泉等（2007）采用这一方法研究了薪酬管制程度与经理人过度投资之间的关系。

该方法的运用具有两个前提条件：其一，国有企业与非国有企业之间采用了相同的经理人配置方式，如果国有企业仍然完全采用行政配置的方式，那么经理人的薪酬则应当与行政工资挂钩，非国有企业的薪酬定价不具有代表性；其二，我国的非国有经济经理人的薪酬是完全由市场定价的。

Groves（1995）等发现在 20 世纪 80 年代末期，由于国有企业多种改革措施的推进，市场化机制已开始在国有企业的经理人配置中发挥了更为重要的作用，领导岗位经济责任制和竞聘制提高了市场化配置的效率。徐

①　参见：王世鹏. 我省适当控制少数国有垄断企业工资水平过高［N］. 联合日报，2007-08-24（1）.

长玉（2008）的调查发现，我国劳动力的商品化程度已经较高，但劳动力定价的市场化程度仍有待进一步的改善。国有单位、集体经济单位和非公有制经济三大部门工资决定的自由度及工资受市场化影响的程度有很大不同。非公有制经济的商品生产者和销售者从一开始就以盈利为目的，经理层的薪酬完全由市场决定。与非国有经济相对比，2006年国有企业工资决定的自由度及工资受市场影响的程度只有70%。因此，笔者有理由相信国有企业和非国有企业在劳动力配置机制方面具有相似性，都逐步采用了以市场为基础的配置方式，但在劳动力的定价机制方面，非国有经济的定价更能代表市场的正常标准。本书的研究也采用了这一方法作为薪酬管制的度量，但在选取决定经理人正常薪酬的要素上与辛清泉等人的研究有所不同。

3.2 影响经理人正常薪酬的理论分析

3.2.1 国外经理人薪酬决定要素的理论分析

1. 业绩因素的影响

早期的代理理论认为，经理人薪酬合约的设计主要是为了减轻企业代理人与所有者之间的利益冲突，因此经理人的薪酬合约应与企业的业绩密切相关。这其中既包括基于市场业绩的衡量如股票收益等（Jensen et al.，1990），也包括基于会计表现的衡量如ROA等（Abowd，1990）。尽管国外的大量研究将经理人薪酬与股东的财富的相关性作为评判经理人薪酬合约有效性的重要依据，然而实地调查的结果表明，企业真正的薪酬合约并未与理论家所设想的一致。Jensen、Murphy（1990）通过对 1970—1988 年的福布斯上榜企业经理人薪酬的调查发现，当股东财富每增加 100 元时，经理人财富增加值的中位数仅为 0.325 元；到了 1996 年时，这一数字有所增加，达到了 0.6 元，但经理人收入与股东财富变动之间的相关性仍然很差。研究者开始将注意力转向代理理论之外的解释因素。

2. 经理人个人特质

人力资本的研究学者认为经理人的薪酬水平是对其投入企业生产要素的必要补偿，生产要素的价格取决于生产要素本身的特质与市场的供求关系，经理人的年龄、任期（Murphy，1986；Hill et al.，1991）、人力资本专用性（Harris et al.，1997）等都是影响经理人薪酬的重要因素。Murphy（1986）发现由于长期任职，可使委托人通过学习机制掌握经理人的真实能力，减少委托人对经理人的监督，弱化经理人薪酬与经营业绩之间的相关性，防止由于激励机制的扭曲导致经理为获取短期利益而损害股东的长期利益。

3. 公司的特质

现行研究发现，公司的战略、经营风险、发展机会、规模等都是影响薪酬的重要因素。目前比较统一的结论是在经营过程中，当给予经理人的自由度越大、对其能力要求越高、信息的不对称程度越严重时，经理人的薪酬激励应当越强。在实行差异化、全球化、多元化战略的公司中，由于经理人的需要被赋予更大的经营自主权，所有者的监督成本增大、监督有效性降低，因此，必须赋予经理人高额、长期且与所有者收益相关的报酬契约以保持对其足够的激励（Sanders et al.，1998）。在属于成长型的企业中，公司的价值主要来源于未来的增长机会，平稳发展的企业中所有者只需对经理人的资产管理能力进行监督，相比之下，在高新技术企业中，更需要的是经理人创造性的劳动。对这一行为的监督困难将大大增加，因此需要对经理人实施更高的激励，特别是股权激励（Smith et al.，1992）。

规模较大的公司会对经理层的能力提出更高的要求，公司规模与经理人的薪酬之间存在显著的正向联系（Boyd，1994；Miller et al.，1996），但由于在大规模的公司中经理人只能获取所创造收益的很小的一部分，因此，经理人的薪酬业绩敏感度也很低。

4. 公司治理结构

公司治理结构决定经理人的薪酬主要是受 Jensen、Meckling（1976）所定义的两类代理成本影响，即所有者和经理人之间的代理问题以及所有者和债权人之间的代理问题。

所有者和经理人之间的治理结构决定了经理人薪酬实质上由谁制定。虽然理论上经理人的薪酬都由薪酬委员会制定，但当缺乏有效的监督时，经理人自定薪酬的事件层出不穷。Bertrand、Mullainathan（2001）发现当公司中缺乏持股比率高于 5% 的外部股东时，经理层的业绩评价倾向于与外部好的（Luck-Based）环境要素相联系而非经理层自身的努力，在薪酬方式安排上更倾向于选择股票期权的方式而减少现金在总收入中所占的比例。Benz、Kucher、Stutzer（2001）发现在外部股东持股比例集中的情况下，授予经理层的股票期权将显著减少。因此，大股东和独立董事等能够真正发挥治理效应，一方面，可减少经理人自定薪酬的机会；另一方面，有效、低成本的监督机制可以作为激励机制的有效替代。

债务的治理结构决定了经理人的薪酬不仅在于缓解所有者与代理人之间的矛盾，还要考虑所有者与债权人之间的矛盾、John、John（2003）认为高层经理人的薪酬合约是降低代理成本的一种预先承诺机制。当公司具有较高债务比率时，企业一定程度上要以牺牲所有者与经理层之间的利益协调关系来缓和所有者与债权人之间的利益冲突，经理层的薪酬水平对公司业绩表现的敏感度会有所降低。Ortiz-Molina（2007）发现高负债比例的公司更倾向于选择与股东收益无关的薪酬合约；而在采用可转换债券的公司中，股票、股票期权等与所有者权益相关的收入方式所占的比例会有所提高。

3.2.2 国内经理人薪酬决定要素的理论分析

转轨制经济下的中国，经理人劳动力市场价格的决定机制与发达国家存在明显不同的特点（Firth，2006）。国外经理人薪酬的部分决定要素在我国得到了证实，如公司规模、行业变量、地区性因素等。但仍有部分要素在我国未能得到明显的证据支持或者获得了与国外不同的研究结论。下面笔者将主要对我国薪酬的不同决定机制进行分析。

1. 业绩因素的影响

关于经理人的薪酬是否与业绩表现相关，在我国的研究结论中主要可以划分为两个阶段：

2003 年以前的研究（选取的样本多为 2000 年以前的样本）多认为国有企业经理人的薪酬与业绩不相关。例如 Qian（1995）认为激励经理人的主要因素是是否满足党和国家的政治利益，而非单一的会计收益率和市场收益率。魏刚（2000）发现我国经理人的薪酬尚未开始发挥有效的激励效应。

2003 年以后的研究发现，经理人的收益与会计数据相关；但是否与股东财富相关，尚无有效证据支持。刘斌等（2003）发现经理人薪酬的增长与降低受到不同因素驱动，决定 CEO 薪酬增长的因素主要是营业利润率的变动，决定经理人薪酬下降的主要因素是总资产净利率变动，证明我国上市公司的薪酬已具有了一定的激励作用。杜兴强、王丽华（2007）的研究表明我国企业的薪酬与会计收益的相关性高于其与股东财富的相关性。

从近几年的研究趋势来看，国有企业经理人的薪酬与业绩的相关性经历了从"无关论"向"相关论"的转变，这一转变与近年来国有企业改革的深化存在着密切的关系。1999 年 9 月 22 日，中国共产党第十五届中央委员会第四次全体会议通过《中共中央关于国有企业改革和发展若干重大问题的决定》，提出把政企分开、减少政府干预、强化企业的经营绩效、加大对经理人的激励作为国有企业改革的重点。2003 年国务院国资委出台的《中央企业负责人经营业绩考核暂行办法》，正式将利润总额和净资产收益率等会计指标作为经理人薪酬决定的基础性指标。

2. 公司治理结构的影响

公司治理的机制包括内部治理与外部治理两种治理模式。前者是指通过大股东、董事会的监督约束机制，用脚投票或用手投票。后者主要是通过控制权市场的兼并接管威胁、债权人市场的破产威胁等对经理人实施约束。

我国现行的内部治理机制兼具美国模式（一元治理模式）和德国模式（二元治理模式）的双重特点，这两种模式相互混淆，在我国的实施与在西方发达国家的实施存在着显著的不同。从实施效果来看，各种治理机制能否影响经理人薪酬的制定结果仍是不明确的。例如在独立董事的问题上，大多数的研究表明，独立董事制度被我国引入后，未能发挥有效的监督作用（胡勤勤 等，2002），只是用以迎合中国证监会管制的需要。Firth（2006）也发现独立董事在董事会中所占比重与经理人的薪酬无关。但近两年针对独立董事研究重心的变化也获得了一些不同的证据支持。叶康涛等（2007）的研究认为现行研究认为独立董事缺乏治理效率的原因在于忽略了独立董事变量的内生性问题。魏刚等（2007）、向锐（2008）近年来将研究重心放了独立董事背景对治理效率的影响之上，发现并非所有的独立董事都不能发挥治理效用。魏刚等人发现具有"关系背景"的独立董事（如银行、政府背景）能够提升公司价值；向锐（2008）发现具有会计和金融专业背景的专家型独立董事能改善公司绩效。经理人薪酬合约作为公司治理的子系统和重要组成部分，独立董事能否对其产生影响有待于进一步的检验。

在外部治理机制方面，我国上市公司大量国有股绝对控制权的存在使得敌意收购者难以从流通市场中获取足够的谈判筹码，兼并重组、市场收购等措施难以威胁到经理人的地位，无法发挥其应有的激励效应。我国多数研究表明，债务的治理效应在我国是无效的（杜莹 等，2002；于东智，2003）。这既可能是由于债务治理机制本身在我国的缺失，也可能是由于政府干预降低了债务的治理效率。但 Firth 等（2006）的研究却发现债务与经理人的薪酬有负向联系，经理人过高的薪酬会影响关注其薪酬的债权人的偿债能力。

3. 公司所有权性质的影响

国外的企业所有权性质单一，主要由非国有投资者构成，因此国外关于所有权性质影响经理层薪酬的研究较少。我国企业在转轨制过程中，所有权性质极其复杂，在划分标准上也各不相同，最简单的划分是将其分为国有股份、民营股份和外资股份。进一步划分的争论焦点主要集中在国有股份性质的划分上，由于我国国有资本改革过程中由谁合理代表出资人履行职责这一问题存在着多次反复与调整①，造成了划分标准上的多重性。首先，按照国有股份的持有人是政府还是法人实体，国有股份可以划分为国有股和国有法人股两种形式；其次，中央与地方人民政府实施的财政分权和分级归口管理制度，使得国有企业按其最终控制人的类型又可划分中央国有企业和地方国有企业（Qian et al.，2008）。将上述两类分类标准相混合，徐莉萍等人（2006）又将其划分为国有资产管理机构控制、中央直

---

① 先后经历了财政统管到设立专门国有资产代表机构（国资局、国资委）的若干次反复。参见：郭复初. 现代财务理论研究 ［M］. 北京：经济科学出版社，2000：126-136.

属国有企业控制、地方所属国有企业控制。抛开国有股纷繁复杂的划分标准，总体来看，国有股的比例与经理人的薪酬存在着负向关系（杜胜利等，2005），外资股的引入则有利于保证经理人的薪酬激励按照市场化机制运行（Fitth et al.，2006）。

4. 经理人个人特质的影响

现有研究关注经理人个人特质对经理人薪酬的影响主要集中在两个方面：一是经理人是否同时兼任董事长；二是经理人的年龄是否体现出人力资本的价值变化。这两方面都在我国发现了不同于国外的证据。

国外的研究表明，经理人的两职兼任可能导致经理人缺乏有效监督、经理人个人制定更高的薪酬（Sridharan，1996；Brickley et al.，1997）。但我国的研究发现，经理人是否兼任两职并不会影响经理人的薪酬（杜胜利等，2005）。可能的原因是我国国有企业的薪酬名义上由董事会制定，但实质上都需要由上级主管部门批准同意（也就是本书所谈的薪酬管制），因此经理人即使两职兼任，被给予更多的权利，也不会导致其多定薪酬。

从经理人的年龄来看，我国的研究并未得出 Hogan、Mcpheters（1980）等人所提出的经理人的年龄、在职时间与薪酬正相关的结论。针对我国国有企业经理可能出现在退休前一到两年谋取私人收益、大幅度提高个人薪酬的情况，杜兴强、王丽华（2007）的研究认为这种现象确实可能存在，但并不是普遍情况。我国经理人的年龄、受教育背景、在位时间等个人特质与薪酬不相关的可能解释：一方面，我国经理人市场的建立时间尚短，发育可能还不成熟；另一方面，我国国有企业在经理人的体制改革上采取的是渐进式的改革手段，对于改革前已在位的经理人，没有对其大量地淘汰和重新选择，只有较少的经理人在改革中被淘汰出局，多数经理人或者升迁，或者保持原位，这部分经理人的特性影响了统计上的显著性，而按照市场机制新招聘的职业经理人的个人特性与经理人的薪酬之间是否存在联系有待于进一步的证实。

3.2.3 对我国经理人薪酬决定要素的评论

从上述我国经理人薪酬决定要素与国外的对比分析来看，两者确实存在着较大的差异。因此，我国经理人薪酬的分析必须基于特定的制度背景展开，在转轨制经济的特殊背景下，经理人薪酬同时受到了行政和市场两种力量的影响，部分要素的影响还呈现出不稳定的态势（诸如业绩对薪酬的影响）。随着时间的改变和改革力度的不断增强，作用机制和作用强度都发生着不断的变化。因此已被实证研究证实的结论，在运用于新的研究时，必须考虑其样本的限制和时代背景是否发生了重大改变。这一点与西方稳定、成熟的市场发展情况有很大的不同。此外，经理人薪酬的决定要素是多种多样的，在预测经理人薪酬时，不可能将所有的要素都纳入到模型之内考虑，在研究过程中，笔者只能尽量保证不遗漏重要变量，防止产生研究结论的系统性偏差。

3.3 样本选择

尽管早在 2001 年中国证监会就在修订的《公开发行证券的公司信息披露内容与格式准则第 2 号〈年度报告的内容与格式〉》中的第二十六条，规定了公司应披露董事、监事、高级管理人员的报酬的决策程序、报酬确定依据与现任董事、监事、高级管理人员的年度报酬总额等，但早期的披露主要限于对经理人年薪区间范围的披露，鲜有公司对经理人的薪酬数额进行准确披露。直至 2005 年，中国证监会才开始在《年报披露格式和内容修订稿》中明确规定：应披露每一位现任董事、监事和高级管理人员在报告期内从公司获得的报酬总额（包括基本工资、各项奖金、福利、补贴、住房津贴及其他津贴等），全体董事、监事和高级管理人员的报酬合计，以及报酬取得的决策程序和报酬确定的依据。因此，从数据的可获得性考虑，本书选取了2005年、2006年和2007年的沪深两市的A股公司作为总体研究样本。在样本的筛选上，根据本书的研究目的，笔者从总样本中剔除了下述五类公司：①未披露薪酬的上市公司①；②金融类公司；③ST公司；④上市不足三年的新公司；⑤近三年增发配股的公司②。为了便于在不同年份之间进行比较和趋势分析，在三年中选取了相同的样本公司，即如果上述五条剔除条件有一条满足，则将其从三年的样本中剔除掉。最后，按照上述剔除方法，获得每年的样本数为948家，共计获得2 844个样本。公司财务数据和治理结构数据来源于国泰安CSMAR数据库，宏观经济数据来源于《中国统计年鉴》，采用了EXCEL和STATA10.0对数据进行处理和检验。

3.4　模型设定及变量描述

本书借鉴了Qian等（2008）对所有权性质的分类，按照企业终极控制权所有人的性质，将企业划分为中央人民政府控制企业、地方人民政府

---

　　① 尽管中国证监会对于上市公司经理人薪酬披露的要求属于强制性的披露，但仍有部分上市公司由于商业竞争的需要，存在不披露或者不按规定披露的情况。依据深交所2008年6月1日披露的2007年年报审查显示，有三成的上市公司的高管薪酬披露不达标。

　　② 由于增发配股受到会计收益率的限制，上市公司可能因增发配股而操纵会计盈余，影响信息透明度，为避免这类公司对本书研究结论的影响，笔者从样本中剔除了它们。

控制企业和非国有企业。其中，中央人民政府控制的国有企业实际控股人包括国务院所属的资产管理机构、国务院各部委、中央所属投资总公司、部属院校。中央人民政府控制之外的国有企业被归入地方国有企业。非国有企业实际控制人包括乡、镇、村委员会、外资机构和个人。笔者采用非国有企业的样本估计正常薪酬决定模型，并用于预测中央国有企业和地方国有企业的正常薪酬值，将预测值与实际值之间的差异作为薪酬管制程度的衡量指标。

依据前述经理人薪酬决定因素的理论分析，笔者从业绩表现、发展机会、内外部治理效应、公司规模和行业特征五个方面对经理人正常薪酬进行定义（其变量名称及定义如表 3-1 所示），设定模型如下：

$$Compensation_{it} = \alpha_0 + \alpha_1 Size_{it} + \alpha_2 Roe_{it-1} + \alpha_3 Debt_{it} + \alpha_4 Growth_{it} +$$

$$\alpha_5 Stockstructure_{it} + \alpha_6 \sum Indu + \varepsilon \qquad (3\text{-}1)$$

薪酬管制程度则为：

$$Regulation_{it} = Predict(compensation_{it}) - Compensation_{it} \qquad (3\text{-}2)$$

表 3-1　　　　　　　　　　　　　　变量名称及定义

变量名称	变量定义
$Regulation_{it}$	第 i 个公司第 t 个的薪酬管制程度，以正常薪酬与实际薪酬之间的差额定义
$Compensation_{it}$	第 i 个公司第 t 个的经理人薪酬数额，用董事、监事及高管前三名薪酬总额除以当地的在岗职工平均工资表示
$Size_{it}$	第 i 个公司第 t 个的公司规模，用期末公司资产数额的自然对数表示
$Debt_{it}$	第 i 个公司第 t 个的公司负债程度，用期末的资产负债率来代表
$Growth_{it}$	第 i 个公司第 t 个的公司增长速度，在本书以当期期末的 Tobin Q 值为代表。其中 Tobin Q 值的计算公式为：（期末流通股股票价格×流通股股份数额+每股净资产×非流通股股份数额+负债的账面价值）／总资产

表3-1（续）

变量名称	变量定义
$Stockstructure_{it}$	第 i 个公司第 t 个的公司股权结构，以当期期末的 Z 值，即第一大股东与第二大股东持股比例的比值作为代表，显示第一大股东在公司的控制强度
$\sum Indu$	公司的行业分类，以中国证监会（CSRC）2001 年行业分类标准为基础，考虑到部分行业中没有非国有企业，无法对国有企业进行的正常薪酬预测，因此对部分行业进行了调整，按照行业相似性，将原来的采矿业（行业代码 B）并入农林牧渔业（行业代码 A），将文化、体育和娱乐业（行业代码 L）并入社会服务业（K）

本书选择董事会、经理人、监事会中薪酬最高的三位的薪酬之和作为经理层薪酬的研究基础，原因之一是我国的公司治理结构不同于西方国家，尽管建立了董事会、经理人、监事会的三权分离机制，但董事会和监事会并不是纯粹意义上的所有者代表和监督机构，其本身也参与企业的日常经营过程。名义上不少上市公司将总经理作为企业的法人代表，但实质上董事长才是企业日常经营的"一把手"，拥有最高权力。国务院国资委2004 年颁布的《中央企业负责人经营业绩考核暂行办法》将企业负责人划分为董事长、副董事长、董事，总经理（总裁）、副总经理（副总裁）、总会计师，2007 年的修订版仍然坚持了这一划分原则。郝云宏、王淑贤（2000）认为我国每个国有企业的企业家不是一个人，而是"一班人"（领导班子），这一领导班子由投资人代表（董事长）、经营管理者代表（总经理）、党务工作者代表（党委书记）、员工代表（工会主席）构成。本书的选择体现了中国的特殊国情。另一个原因是国有企业中董事长、总经理不一定是最高薪酬者，中国银行新聘请的信贷风险总监2007 年年薪达791.58 万元，远超过董事长的167.5 万元和行长的171.6 万元。仅选择董事长或经理人的年薪来研究，有可能低估国有企业薪酬的实际情况，选择所有董事、监事和经理人中薪酬最高的三位有助于保证研究结论的稳健性。

　　考虑到各个地区平均收入的差异，有必要对各个地区之间的薪酬进行调整。以前的做法是在模型中加入地区的虚拟变量，一般是简单地将我国划分为东、西、中部（辛清泉 等，2007）或发达地区、欠发达地区与不发达地区（Firth et al.，2006）。这样的划分难免过于简化和主观（例如对于什么样的地区属于发达地区的判断）。进一步而言，最不发达地区并不意味着当地平均工资最低，以 2005 年为例，西藏人均工资 29 850 元，位列全国第三；青海人均工资 19 084 元，位列全国第八；宁夏人均工资 17 211 元，位列全国第十。这些地区人均工资甚至超过沿海地区的福建、山东，与被划入同一级别的贵州（人均 14 344 元）也存在着较大差异。近年来 CPI（居民消费价格指数）的高速增长也是在判断经理人薪酬是否过快增长时常被研究者忽视的一个问题。为解决上述两类研究中的不足，笔者将董事会、经理人、监事会中薪酬最高的三位的薪酬数额除以当年当地的人均工资作为经理层薪酬的代表。在本书的研究过程中，笔者只考虑了经理层的现金薪酬，未将经理层的股权激励考虑在内，原因是我国经理层的薪酬激励只是在小范围内试点，尚未大面积展开。截至 2008 年 1 月 11 日，按照中金在线披露的上市公司实施股权激励的情况，实施股权激励的上市公司仅有 68 家，占总样本数的比例太小。部分研究者也认为，我国上市公司的股权激励更宜被视为是一种福利措施，而非有效的激励机制和真正意义上的薪酬契约。

　　由于经理人的薪酬具有一定的滞后性，部分奖金的考核和发放只有在年度结束计算出盈利情况甚至年报公布以后，才能被确定是否发放及发放多少，本书以滞后一期净资产收益率（ROE）作为会计收益率的衡量指标。

　　夏立军、方轶强（2005）认为会计指标用于衡量公司的业绩表现存在多种问题，如难以反映公司的长期业绩、容易受到人为操纵等。很多研究者都以 Tobin Q 作为公司业绩的市场衡量指标（苏启林 等，2003；汪辉，

2003）。Lang、Litzenberger（1989）认为 Tobin Q 代表了公司的发展前途，当 Tobin Q 大于 1 时，代表公司拥有好的发展机会，资产未来现金流量所能获得的收益超过了现有账面价值。因此，在本书的研究过程中，笔者认为企业的 Tobin Q 值越大意味着公司未来有越好的发展机会，需要对经理人提出越高的要求，其薪酬也越高。

最后笔者将公司的资产负债率作为债务的外部治理变量；以第一大股东与第二大股东持股比例的比值衡量第一大股东的控制权，作为内部治理效应的变量。

在本书研究中，笔者没有采用杜胜利、翟艳玲（2005）等人提出的以无形资产与总资产的比值作为行业的替代性变量的方法，原因是新会计准则推行前，我国无形资产的确认计量还很不成熟，大量的无形资产未被纳入正常的核算系统之内，无形资产账户的数额不能真实反映企业的经营状况特点，也无法反映行业特征。因此，笔者直接将中国证监会定义的行业分类标准作为控制变量。

3.5　描述性统计结果

3.5.1　经理人薪酬绝对数额的描述性统计

表 3-2　　　　　经理人薪酬绝对数额各年度的描述性统计

	2005 年	2006 年	2007 年	总样本
平均值				
中央国有企业	35.92	35.71	40.13	37.28

表3-2(续)

	2005 年	2006 年	2007 年	总样本
地方国有企业	35.41	36.64	39.71	37.22
非国有企业	38.03	34.72	37.78	36.83
中位数				
中央国有企业	29.82	30.16	30.36	30.15
地方国有企业	28.59	28.78	30.24	29.11
非国有企业	29.05	26.79	29.02	28.44
最大值				
中央国有企业	279.978 3	354.31	355.25	355.25
地方国有企业	316.058 7	275.31	274.91	316.06
非国有企业	201.010 9	166.12	354.06	354.06
最小值				
中央国有企业	2.128 636	5.83	3.43	2.13
地方国有企业	4.399 861	2.55	2.76	2.55
非国有企业	3.515 5	3.20	3.04	3.04
标准差				
中央国有企业	27.01	31.46	36.59	31.88
地方国有企业	29.36	28.70	32.35	30.18
非国有企业	30.85	26.75	34.28	30.82

描述性统计数据显示（见表3-2），三年内中央国有企业、地方国有企业与非国有企业经理人薪酬的绝对数额的均值、中位数均较为接近，未发现三者有明显的差异。2007 年，中央国有企业与地方国有企业的经理层薪酬的均值有较大幅度的上升，但中位数并未有明显变化，说明我国国有企业经理人薪酬的增幅很不平均，部分企业的薪酬增长过快。从经理人薪酬的最大值来看，中央国有企业与地方国有企业的薪酬在三年内都较大幅度地超过了非国有企业，这与社会公众对于部分国有企业经理人薪酬过高的直观感受相一致。但这一现象并非是大规模的，偏度-峰度检验的结果

发现三种性质企业的薪酬分布均不服从于正态分布，因此笔者采用了非参数的 Kruskal-Wallis H 检验对三种性质企业的薪酬是否服从同分布进行检验，检验结果如表 3-3 所示。

表 3-3   三种所有制企业经理人薪酬绝对数额的
同分布 Kruskal-Wallis H 检验

年度	2005 年	2006 年	2007 年
Chi-squared	1.400	1.742	1.787
P 值	0.496 7	0.418 5	0.409 3

从分布来看，三种性质企业的经理人在绝对薪酬的分布上并没有明显的差异，既无证据表明国有企业经理人总体上获取了更高的薪酬，也未发现国有企业经理人的薪酬过度地受到政府管制。但这种基于经理人薪酬绝对额的考察，实质上只考虑了经理人的所得，忽视了经理人的付出。为了进一步考察经理人薪酬是否得到了足额的补偿，需要将经理人的所得与付出的努力联系起来进行综合考虑，通过经理人正常薪酬预测模型对其管制程度进行统计。

3.5.2 市场薪酬模型预测下的经理人薪酬管制程度的描述性统计

1. 正常薪酬预测模型的确定

笔者进一步分年度采用非国有企业样本值对模型（3-1）进行估计，以获得正常薪酬的预测模型。为避免极端值对模型估计的影响，笔者采用了 Winsorize 的方法对各个变量 1% 的最大值、最小值进行压缩处理。为避免异方差的影响，采用了 Robust 的有效估计方法，回归结果如表 3-4 所示。

表 3-4　　　　　基于非国有企业样本的经理人正常薪酬预测值

	预测符号	2005 年	2006 年	2007 年
因变量				
$Compensation_t$				
自变量				
$Size_t$	+	18.020 75*** (2.911 21)	14.419 89*** (2.448 105)	15.211 43*** (2.498 193)
Roe_{t-1}	+	77.508 91*** (22.819 7)	114.800 4* (62.934 97)	163.227*** (57.066 63)
$Debt_t$	−	−34.456 41*** (11.852 64)	−16.109 12* (9.083 207)	−15.997 71* (9.598 838)
$Growth_t$	+	18.127 52*** (6.365 233)	12.040 85*** (3.248 638)	5.948 852*** (1.657 159)
$Stockstructure_t$	−	−0.066 386 6*** (0.019 798 5)	−0.171 572 9*** (0.063 896 9)	−0.143 826 7*** (0.037 445 2)
$\sum Indu$	控制	控制	控制	控制
Adjusted−R Square		0.208 5	0.211 6	0.251 7

注：*** 代表在 1% 的显著性水平下显著，** 代表在 5% 的显著性水平下显著，* 代表在 10% 的显著性水平下显著，括号内的数值代表的是 Robust 估计下的标准差

从回归结果的 Adjusted−R Square 来看，在截面数据背景下，均超过了 0.2，且在三年的比较中呈现出一种不断上升的趋势。这说明模型能够较好地拟合经理人的正常薪酬，模型所选择的各个变量在三个年度均较为显著，具有较强的稳定性。

比较影响经理人薪酬的最为重要的因素——会计收益率和市场业绩发现，Roe_{t-1} 的系数在三年中不断增大，表明会计业绩在经理人薪酬合约制定中的重视度不断提高。这一方面说明了我国经理薪酬激励走向更加正规化和合约化的方向；另一方面也强化了经理人操纵会计盈余的动机。$Growth_t$ 的系数在三年中却不断下降，可能的原因是，我国股票市场从 2006 年开始进入罕见的"牛市"阶段，所有企业的股票价格均呈现出大幅度的上涨，

使得 Tobin Q 值也大幅度上升。为避免市场系统性因素的影响，更好地考察经理人的实际业绩表现，所有者在薪酬合约中降低了经理人薪酬对企业市场业绩反映的系数。

2. 管制程度的总体情况描述

笔者运用分年度的正常薪酬预测模型，对中央国有企业与地方国有企业的正常薪酬水平进行了预测，并将预测值与正常值之差作为管制程度的度量，差值越大代表管制越强。本书用 Regulation 表示其管制程度，在表 3-5 中分别对中央国有企业、地方国有企业的管制程度进行了描述性统计，并对均值与中位数是否为零进行了检验（如果为零或小于零，说明不存在管制）。

表 3-5　　经理人薪酬管制程度（ *Regulation* ）的描述性统计

	2005 年	2006 年	2007 年	总样本
平均值				
中央国有企业	8. 253 263 *** (1. 972 792)	3. 878 276 ** (2. 213 292)	2. 610 557 (2. 463 591)	5. 001 644 *** (1. 284 906)
地方国有企业	6. 510 492 3 *** (1. 279 847)	1. 165 434 (1. 200 779)	1. 855 58 (1. 453 394)	3. 186 992 *** (0. 758 993 2)
中位数				
中央国有企业	6. 803 73 *** (4. 716)	6. 101 521 *** (3. 356)	5. 673 275 *** (2. 690)	6. 294 028 *** (6. 250)
地方国有企业	9. 530 386 *** (6. 985)	6. 178 73 *** (2. 941)	6. 060 318 *** (3. 334)	6. 721 999 *** (7. 710)
最大值				
中央国有企业	96. 163 88	51. 565 48	355. 25	96. 163 88
地方国有企业	71. 211 8	70. 312 37	274. 91	82. 759 97
最小值				
中央国有企业	−173. 385	−260. 936 2	−259. 867 7	−260. 936 2
地方国有企业	−232. 099 6	−207. 117 2	−188. 856 1	−232. 099 6

均值描述性统计的括号内数值代表的是该变量的标准差，中位数检验括号内的数值代表 Z 统计量的值。由于 $Compensation_t$ 不服从正态分布，用 $Compensation_t$ 的预测值减去实际值所代表的管制程度也不符合正态分布。但考虑到大样本的情况下，样本渐进服从正态分布，仍然采用了均值检验。同时，为增强检验的势，笔者还进行了中位数的 Wilcoxon 秩和检验。

检验结果表明，无论是均值检验还是中位数的非参数检验，均表明中央国有企业与地方国有企业的管制程度显著大于零，说明我国国有企业的薪酬较非国有企业的正常市场定价机制而言，受到了不同程度的管制。

从不同年份的比较来看，这种管制程度呈逐年下降趋势，市场化的定价机制在国有企业薪酬制定过程中得到了更大程度的重视，但并无明显证据表明，经理人这一薪酬制度的放开，使得国有企业薪酬总体上超过了非国有企业的正常水平。经理人薪酬在 2006 年、2007 年薪酬管制程度的放松使得国有企业经理人的收入大幅度上升，也再次引发了社会对经理人薪酬管制的强烈呼声。大量的管制条例在 2007 年年末纷纷出台，这与本书的研究证据是一致的。

3. 分行业的管制程度描述性统计

Joskow（1996）等人发现美国的不同行业受到管制的程度不同。考虑到我国不同行业的劳动力市场竞争程度以及政府在不同行业的干预程度，笔者针对中央国有企业与地方国有企业按照行业分类，分别进行了描述性统计（见表 3-6）。

表 3-6　　　　　　　　　经理人薪酬管制程度

（ *Regulation* ） 分行业的描述性统计

行业分类	中央国有企业		地方国有企业	
	平均值	中位数	平均值	中位数
农、林、牧、渔业	14.220 65*** (3.878 188)	17.929 77*** (3.146)	4.282 78* (3.122 084)	9.543 056** (2.252)
制造业	5.947 529*** (1.896 054)	7.401 613*** (6.264)	2.423 865** (1.042 755)	6.766 96*** (5.625)
电力、燃气及水的生产和供应业	9.198 317** (3.922 418)	8.839 201* (1.958)	2.834 882 (3.075 037)	0.422 792 4 (0.534)
建筑业	9.067 903*** (3.418 682)	9.142 193** (2.438)	13.635 49*** (3.447 851)	11.830 78*** (3.120)
交通运输、仓储和邮政业	9.032 378* (6.642 788)	11.324 1** (2.010)	16.173 01*** (2.959 64)	15.297 77*** (4.728)
电子信息技术业	9.821 555*** (2.886 884)	4.854 852*** (2.907)	6.032 09** (3.339 228)	10.049 84** (2.065)
批发和零售业	−9.004 937 (6.778 772)	−6.007 401 (−0.991)	−1.130 355 (2.231 644)	4.210 627 (0.519)
房地产业	−7.990 781 (19.171 81)	−0.836 120 6 (−0.135)	8.495 349*** (3.000 274)	15.010 26*** (2.933)
社会服务业	−15.956 64 (3.591 064)	−14.310 85 (−3.543)	0.240 337 8 (4.165 166)	7.384 525 (1.552)
综合类	−9.778 122 (4.588 364)	−7.751 524 (−2.229)	−9.785 274 (3.816 295)	−4.749 519 (−2.725)

注：平均值检验括号内的值为标准差，中位数检验括号内的值为 Z 统计量，*** 代表在 1%的显著性水平下显著且存在薪酬管制情况，** 代表在 5%的显著性水平下显著且存在薪酬管制情况，* 代表在 10%的显著性水平下显著且存在薪酬管制情况

分行业的描述性统计数据显示，我国国有企业的薪酬管制存在明显的行业性差异。笔者按照各行业的自由竞争程度进行了分类概括，大致上将行业划分为三类：

第一类是国有企业处于绝对的垄断地位的行业，如"电力、燃气及水的生产和供应业"。这一类的行业多是关系到国家经济命脉的核心产业，

多数由国有企业绝对控股，涉及全国性能源、水资源供应的企业更是由中央国有企业直接控制，只有少数地方性的企业有民营经济涉及。该行业高额赢利能力带给经理人的高额报酬是最易被社会公众抨击的（经理人即使不努力履行职责，也可能依靠企业的垄断权力获得垄断利润）。从数据上看，中央国有企业在该行业中受到一定程度的管制，但没有明显证据表明地方国有企业经理人的薪酬受到限制。

对该行业的统计数据的解读应保持必要的谨慎。因为本书对管制程度的度量是基于自由市场的竞争背景所提出的，垄断行业经理人的业绩评价机制不同于自由市场机制，企业的业绩贡献除了在很大程度上取决于经理人的管理才能和努力程度外，更大程度上还取决于国家赋予的垄断权力。因此经理人的薪酬应当与扣除掉垄断收益后的超额收益挂钩，而非与总体上的会计收益等挂钩。

第二类行业主要是由"农、林、牧、渔业""建筑业""电子信息技术业""交通运输、仓储和邮政业"等行业构成的相对竞争较小的行业（非绝对垄断）。统计数据显示，这一类行业是最容易受到国家薪酬管制的行业，中央与地方国有企业均受到来自于政府的薪酬管制。

在这一类行业中，国家采取的是逐渐放开的政策（诸如电信等）。尽管允许市场准入，但由于国有企业的先占优势和规模效应，国有企业相对于民营企业具有明显的竞争优势（诸如建筑业）。Vroom（1964）的期望理论指出经理人的激励强度除取决于激励因素的效价外，还取决于行为导致该结果的概率。尽管民营企业可能为经理人提供了更高的薪酬水平，但完成这一目标的难度也大大增加。根据许荣宗等（2007）对国有企业退出成本[①]的分析，

---

① 退出成本（Exit Cost）一词主要用于分析企业的行为，指的是企业因退出市场而要遭受的损失。赫希曼（2001）首次将其引入到对个人行为的分析上。它指的是个人在现有组织中所能获得的最大收益与退出该组织后所能获得的最大收益之差，也就是退出成本=现有收益-机会成本。

在该类行业中，国有企业经理人选择转投民营企业的退出成本极其高昂①。因此，通过提高经理层的退出成本，委托人可以以较少的剩余索取权激励使经理人发挥相同的努力水平，使得经理人的薪酬管制成为可能。

第三类行业是由"批发和零售业""房地产业""社会服务业""综合类"所组成的国有企业与非国有企业自由竞争的领域。在该领域中，劳动力市场发育相对成熟，供需两旺，职业经理人的队伍逐渐形成。民营企业与国有企业处于同样的竞争地位，由于灵活的经营体制，民营企业甚至具有一定的竞争优势，更有利于发挥经理人的主观能动性。当民营企业对经理人以高额报酬进行诱惑时，国有企业被迫按照市场化的原则对经理人实施适当激励，以避免人员的过度流动和优秀经理人的流失。因此笔者发现，对于这一类行业，无论是中央国有企业还是地方国有企业都较少对经理人实施薪酬干预。

4. 分地区的管制程度描述性统计

考虑到各省区劳动力市场化发展的程度差距很大（樊纲 等，2006），本书对各个省区的薪酬管制程度分别进行了统计，详情见图3-1。

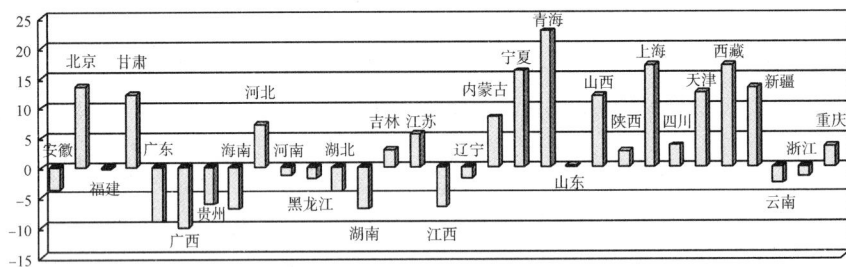

图 3-1　各省区的管制程度

通过对图 3-1 进行分析，大致可以归纳出薪酬管制在地区性差异上的

---

① 包括失去稳定的收入、在职消费机会、政治晋升机会、社会声誉等一系列的货币收益与非货币收益。

三个特点：

（1）一般而言，薪酬管制的程度与市场化程度存在着较为密切的负向关系，市场化程度越高的地区（如浙江、广东）受到的管制程度较小，而青海、宁夏、新疆等市场化发展缓慢的地区受管制的程度较高。

（2）市场化程度与薪酬管制的关系，例外的情况是，北京、上海、天津等地虽然本身市场化程度较高，但其本身是中国的政治经济文化中心，具有典型的示范效应，受到政府的高度关注，中央人民政府直接实施干预的可能性大幅度增加。这三个地区与其他具有相近市场化程度的地区相比较，经理人薪酬受到政府干预的程度明显加深。

（3）本书发现政府管制具有地域上的辐射效应。特别是以北京为中心的周边地区最为明显，内蒙古、河北、山西等与北京接壤的地区均受到北京示范效应的影响。而距离北京较远的地区，其受管制程度相对较低。

4　薪酬管制对盈余管理的影响

4.1　问题的提出

　　早在19世纪，英国一些公司已经在章程中正式将经理层的报酬与会计盈余直接挂钩，以减少所有者与经理人之间的代理成本。到了20世纪初期，以会计数据为基础的经理人薪酬合约已在欧洲大陆和北美成为经理人薪酬合约的主流形式。此后，在20世纪50年代，股票和股票期权的出现曾一度成为激励经理人的新型方式，但这仍未动摇会计数据在制定薪酬过程中的基础性地位，即使在股权激励最为盛行的20世纪80年代末、20世纪90年代初期，经理层薪酬中的大部分也是与会计数据相关而非与股票回报相关（Jensen et al.，1990）。

　　会计数据对于经理人薪酬的决定性作用使得经理层产生了通过操纵会计盈余影响薪酬的动机，特别是经理层被赋予多种可选择成本计算方法时，更使得这一动机的可能性成为现实。国外有大量的研究探讨了在不同薪酬合约下，经理人实施盈余管理的行为（Watts et al.，1978；Healy，

1985；Guidry，1999）。鉴于各国文化、制度背景的不同，经理层薪酬计划在各国的作用方式有较大的差异（Jensen et al.，2008）。近年来，基于不同国家背景探讨薪酬合约对盈余管理的影响已成为该领域研究的热点问题。然而，我国的大多数研究却认为上市公司实施盈余管理的主要动机是新股发行、配股增发、保壳等，而非经理人的薪酬合约（王跃堂，2000；刘斌，2003）。

造成这一结论的重要原因之一：现行信息披露制度未对经理人薪酬合约的详细披露做出要求（只要求披露经理人获得的薪酬总额），无法了解经理人所处的具体合约区间，这就限制了研究的进一步细化和发展。Schipper（1989）指出规则变化以后可能导致预期的盈余管理行为发生变化，因此当缺乏经理人薪酬合约的详细资料时，制度性的变革成为研究经理人薪酬合约下盈余管理行为的重要契机。在本章中，笔者将从动态视角探讨薪酬管制如何影响盈余管理行为，继而揭示薪酬合约与盈余管理在我国的关系。

本章的研究贡献有两点：第一，笔者结合中国的转轨制经济制度背景，对 Healy（1985）的研究结论进行了部分证实，并赋予了其特殊的中国背景下的意义。研究结论证实，薪酬契约在我国同样是影响盈余管理的重要因素，以往的研究结论不显著，可能是忽视了制度性因素的影响。在经理人薪酬管制背景下，中央国有企业会计信息的"过度稳健"，可能是经理人自利动机下的藏利行为，并不能作为高质量会计信息的代表。第二，笔者从盈余管理的角度，对政府实施薪酬管制的政策效果进行评价，并提出了改进意见。结论是，薪酬管制对中央国有企业盈余管理的影响较地方国有企业更为显著。在管制措施上，如果有必要在短时间内对经理人薪酬实施暂时性管制，对经理人贡献的边际收益实施管制较设置最高薪酬限额更为有效。

4.2 文献综述

4.2.1 国外的研究文献

对于薪酬管制与盈余管理的关系的理论研究，国外大致可以划分为对两种假设的论证。

1. 薪酬最大化的假设

Watts、Zimmerman（1978）以及 Healy（1985）等人均是该假设的支持者。他们的主要观点是经理人是利益最大化的经济人，对会计盈余的操纵目标是当期收益的最大化或未来收益现值的最大化。Watts、Zimmerman（1978）认为经理人对当期收益的评价超过未来收益，经理人会尽可能增加当期盈余，以最大化当期的奖金，即"两鸟在林不如一鸟在手"。Niehaus（1989），Astami、Tower（2006）等人也发现当缺乏股东有效监督时，经理人的自利性倾向会驱使其选择平均年限折旧和先进先出法等增加企业当期盈余的会计政策。

与前述研究不同，Healy（1985）将详尽的经理人薪酬合约和合约参数纳入到跨期代理模型中予以考虑，系统性地分析了经理人处于不同薪酬合约阈值时的不同盈余操纵动机。他发现经理人并非一味增加盈余，在当期获取奖金无望或会计盈余超过当期所能获得奖励的最高阈值时，同样存在降低盈余的动机（Big Bath）。随后其研究成果在世界范围内引起了强烈的反响，研究者们针对其结论的广泛有效性进行了检验。例如：Shuto（2007）证实了 Healy（1985）的研究结论在日本依然成立；Guidry

（1999）等人认为考虑不同层级经理人行为方式的不同，采用公司层面的数据进行研究，可能是综合各个业务单元层面经理人不同激励行为的结果。公司层面的经理人还可能因长期激励效应模糊，而对短期奖金计划下的会计盈余进行操纵，降低了结果的稳健性。因此，他采用业务单元层面的数据对 Healy 的结论进行了进一步的研究，证实其结论仍然有效。

2. 盈余平滑的假设

以 Gaver 等（1995）为代表的研究认为，会计盈余除了决定经理人的薪酬以外，还决定了委托人对经理人的综合评价和债务契约的履行。当考察经理人因薪酬合约而实施盈余管理时，不能摒弃其他合约的影响，而应纳入到一个综合的框架内予以考虑。例如：最大化薪酬的原则可能使得企业的会计盈余在不同年度产生较大的波动，降低所有者对经理人的评价，甚至可能因此而解雇经理人。当经理人当期业绩低于所能获得薪酬的最低限额时，Gaver 发现经理人并非如 Healy 所提出的通过"洗大澡"的方式降低当期盈余，而是仍然努力增加当期盈余以保证各期盈余的相对稳定。Gaver 认为 Healy 等人研究的局限性是无法正确划分什么样的企业处于最低奖励的会计盈余之下，什么样的企业高于所能获得报酬的最高盈余。Healy 所采用的分离标准是以经理人操纵后的盈余为基础判断的，而正确的做法是以经理人操纵前的盈余为基准。Gaver 的结论得到了 Duru 等人（2005）的支持，他们认为，企业选择基于会计数据的薪酬合约不仅在于弥补股票市场的失灵，更为重要的是为评价经理人提供额外的有用信息，防止经理人额外风险转移行为。特别是在企业债务比例较高时，这一方法可有效降低企业代理成本。

除了以上两种假设，国外还有大量研究涉及薪酬管制对盈余管理的影响。

当美国政府于 1993 年颁布国内税收法案 162 号以限制经理人薪酬后，

研究者便开始关注这一政策性变革对会计盈余操纵的影响。Reitenga 等（2002）发现由于 162 号法案对过高薪酬的定义主要与业绩相联系，因此当企业出现较差的业绩表现时，经理人的薪酬中与业绩无关的部分更容易超过 100 万美元的"工资帽"限制。这致使表现差的企业薪酬无法从企业所得税税前全额扣除，而表现好的企业受到管制的可能性相对较少，可以将薪酬从税前全额扣除。研究表明，过好或过差的业绩表现，通常会在以后年度发生反转效应（Fama et al.，2000）。如果企业业绩在不同年度产生巨额波动，那么在表现差的年度将会受到严厉惩罚，而在表现好的年度只能受到微弱的奖励（即允许全额扣除）。因此，企业的最佳选择是尽可能平滑不同年度的会计收益。Reitenga 等人发现相对于不易受 162 号法案影响的企业（即与业绩无关的薪酬不超过 100 万美元），易受 162 号法案影响的企业更容易采用可操纵性应计利润来平滑盈余，因为企业盈余在不同年度的波动性更小。

4.2.2 我国的研究文献

我国早期关于盈余管理的研究主要是围绕着上市公司融资的制度性约束展开的。研究先后证实了我国上市公司特有的为实现 IPO、保壳所出现的"微利现象"（陆建桥，1999；陈晓 等，2004）和为实现配股而出现的"6%、10%现象"（陈小悦 等，2000；蒋义宏 等，2001）。

随着 2006 年出台的《上市公司证券发行管理办法》中对配股不再设定具体的财务指标门槛，配股区间里进行盈余管理的公司数和其盈余管理程度逐年降低（戴捷敏 等，2008），学者们关注盈余管理诱因的重点也开始转向。伴随着我国高管激励政策的不断出台和股权激励制度的推行，经理人因薪酬合约所导致的盈余管理现象成为关注的热点。从研究结论上看，大致上可以分为两个阶段。第一阶段，采用 2000 年以前样本的多数研究发现 Watts 等（1986）提出的经理人薪酬最大化假设不是影响我国会计政策选择的主要因素。王跃堂（2000）、刘斌（2003）均指出，在我国应是薪酬契约之外的因素影响了盈余管理。第二阶段，选取 2000 年以后上市公司样本的研究者发现，薪酬契约开始逐渐成为影响会计政策的一个主要因素，但其作用机制与国外的研究结论存在一定的差异性。例如：王克敏、王志超（2007）认为在我国，当缺乏所有者的有效监督，经理人拥有较强的内部控制权时，其更倾向于通过控制权直接增加薪酬数额，而不选择成本、风险均较大的盈余管理方式。但是在控制了其他影响盈余管理的因素以后，发现盈余管理程度与高管薪酬呈正相关关系，支持了 Watts、Zimmerman（1986）的"报酬最大化假说"。李延喜等人也发现经理人薪酬数额的高低与盈余管理的程度存在正相关的关系（2007）。赵息等（2008）在样本数量极为有限的情况下（40 家），获得了微弱的证据支持股权激励与盈余管理程度正相关的结论。

总体来看，我国关于薪酬合约和盈余管理关系的研究仍处于起步阶段，研究过程做到精细化的程度。研究者无法基于不同合约区间对经理人的操纵动机进行分析，现有结果究竟是不同区间一致性结果还是各区间相互抵消以后的结果，研究者难以明确回答。造成这一研究困难的主要原因是薪酬合约信息披露制度的不完善和详细信息获取的困难性。因此，大多数的研究在关注经理人薪酬与盈余管理的关系时都着眼于两者绝对数额之间的相关关系，而鲜有从薪酬契约的内在契约关系着手。这将不可避免地产生内生性的问题。例如：当经理人在企业中拥有较强的控制权，且缺乏有效的内部治理机制时，产生的后果既可能导致经理人利用控制权直接增加自己的薪酬；又可能导致经理人操纵盈余以迎合上级主管部门的需要。从统计意义上看，经理人薪酬和盈余管理的程度存在数据上的相关性。但这并不意味经理人是基于薪酬的原因而实施了增加收益的盈余管理。因此，在后续研究中，笔者试图从经理人薪酬契约的内在关系入手，探索经理人薪酬契约与盈余管理之间的新证据。

4.3　理论基础及研究假设

4.3.1　薪酬管制对盈余管理的总体影响

无论是 Healy（1985）所提出的薪酬最大化假设，还是 Gaver 等（1995）所提出的盈余平滑假设，均认为当企业盈余超过其所能获取奖励的最高限额时，经理人倾向于保留当期盈余，以便以后年度转回，获取未来的奖励收益。结合现行薪酬管制条例，政府对经理人实施薪酬管制的方式主要是设置所能获得奖励的最高限额。因此，在不考虑其他约束的情况下，受薪酬管制的企业更易因薪酬上限的影响而实施减少当期收益的"藏利"行为。在此基础上，笔者提出了假设一。

H1：不考虑其他约束的情况下，受到薪酬管制的企业，更易实施减少当期收益的盈余管理行为。

4.3.2　在中央与地方国有企业层次，薪酬管制对盈余管理的影响

薪酬管制导致了经理人可能产生降低当期盈余的动机，但动机并不必然导致行为的发生，其结果取决于作为实质监管者的中央与地方人民政府的行为方式。进一步而言，取决于各级政府的监管动机和监管能力。

1. 中央、地方人民政府监管动机的差异对国有企业盈余管理的影响

20 世纪 90 年代以来，政治关系和政府对企业的干预对企业行为的影

响愈发明显（Boycko et al.，1996；Demirguc Kunt et al.，1999）。特别是在转轨制经济国家中，企业的自由度虽有所提高，但政府对资本、土地等重要资源仍握有相当程度的控制权。在 1994 年财政分权制改革后，地方人民政府为获取财政收入，其领导人为获取"政治锦标赛"的胜利加速了政府对企业的干预行为。企业行为日益表现为委托人、代理人、政府干预行为相结合的三者多重博弈行为。因此在分析国有企业经理人的行为结果的同时，需要将其自利性动机和上级主管政府领导人的监管动机相结合展开研究。

（1）地方人民政府的监管动机

财政分权理论认为：地方政府和中央政府相比较，在资源配置上具有信息优势，能够以较低的管理成本提供地方公共产品以满足本地需要；同时当地方政府承担起提供公共服务的责任时，将被处于当地居民更为严格的监督之下，从而也更有动力去行使政府职能为公众谋求更大利益（Musgrave，1959；Oates，1972)①。20 世纪中后期，世界范围内大量计划经济体制国家出现了财政分权的趋势。我国也从 20 世纪 80 年代初期开始，逐步实施了中央人民政府的放权让利和分权行为，先后经历了从"中央统一集权"到"财政大包干"再到 1994 年开始的"财政分税制改革"的过程。这一系列的改革过程带有明显的经济性分权和行政性分权相结合的痕迹。一方面，中央人民政府将财政收入的部分"剩余索取权"和提供地方性公共产品的职能赋予地方人民政府；另一方面，中央人民政府积极推行着经济机制的转轨，国有企业的改革是这场改革的核心和重点，部分国有企业管理的权限开始从中央人民政府向地方人民政府下放，逐步实现移交，最终形成了关系国计民生和经济命脉的重点国有企业由中央人民政府直属管

---

① 转引自：尹希果，陈刚，潘杨. 分税制改革、地方政府干预与金融发展效率［J］. 财经研究，2006（10）：92-101.

理、经营性国有企业主要由地方人民政府管理的两级管理体制。

这一过程中，地方人民政府被赋予了改革创新的更大的权力，在地区性经济增长中发挥着越来越重要的作用。中央人民政府通过两方面的手段刺激地方人民政府实施改革创新：一是地方人民政府享受一部分当地财政收入的增量分成；二是提升表现良好的地方人民政府领导人。这一激励方式使得地方人民政府作为独立利益主体的地位愈发明显，地方人民政府之间的竞争关系开始从"兄弟竞争"向"主体竞争"转变（高寒峰 等，2008）。特别是当同一级别的政府官员晋升机制成为一种政治锦标赛时（Plitical Tournament），官员之间的竞争意味着一个人的提升直接减少另一个人的提升机会，零和博弈的机制使得这种竞争进入一种白热化的态势（周黎安，2004）。政治动机和经济动机的相互交融强化了地方人民政府发展当地经济的强烈需求，即尽力提升当地 GDP 的增长速度。对总体 GDP 的增长分析发现，尽管近年来我国民营经济在总体经济增长中的比重有所上升，但仍未动摇国有经济的主体地位。加之地方人民政府对于所属国有企业的干预更为便利，提升当地国有企业业绩表现已成为官员发展当地经济的主要措施之一。

一方面，政府通过"援助之手"，直接以税收优惠、行政政策、财政补贴等方法为国有企业提供便利，促进国有企业发展；另一方面，地方人民政府通过经济指标的层层分解，为每个所属国有企业设置目标值，对不能完成指标的国有企业领导人予以撤职、替换，对完成指标或超额完成指标的经理，由地方人民政府给予额外的政治和经济奖励①，刺激国有企业经理人的行为，使其尽量多报盈余。

---

① 诸如：将其提拔为政府领导，选举其为人大、政协代表，或由政府直接给予巨额经济奖励。

（2）中央人民政府的监管动机

对比地方人民政府的监管动机，现有研究指出中央人民政府更能够充当"社会福利者"的角色（朱红军 等，2006），因此其倾向于公正、客观地对所属国有企业实施会计监督。中央人民政府期望所属国有企业的会计盈余能够如实反映其经营状况，既不多报，也不瞒报。会计谨慎性原则要求企业尽可能地预计可能存在的损失，而不多报盈余。加之历史上中央国有企业曾多次出现"浮夸虚报数据"以获取上级信任、争取奖励基金的情况，因此，在实务会计工作的监管中，中央人民政府对于会计信息的监督更偏向于对多报盈余的监督。而对于少报盈余的情况，经理人可以变相"合理"解释为执行谨慎性原则的结果。

2. 中央、地方人民政府监管能力的差异对国有企业盈余管理的影响

（1）治理过程中信息不对称性的差异

近年来，中央国有企业的整合步伐加快，公司规模日益庞大，组织结构也日益复杂化，金字塔式的控股权结构使得中央国有企业由成百上千个涉及数十个行业的子公司、孙公司甚至重孙公司构成，整个企业地域分布广袤，行业涉及宽泛。这一组织机构方式意味着在对国有企业放权的同时，政府通过层层代理关系对经理人决策行为实施干预的"政治成本"（Bureaucratic Cost）也在加大（Fan et al.，2005）。

从2000年开始，中央人民政府陆续通过大型国有企业监事会、财政部、审计署各派出机构对所属企业实施严格的财务监督检查。但现代企业盈余管理的方法日益隐蔽化，除少数企业仍然采用会计政策变更、非经常损益等线下项目实施盈余管理之外，大量的企业开始采用改变真实交易的方法，诸如：延迟签订订单等方式来减少当期盈余。当检查人员对企业日常经营状况缺乏深刻了解时，仅从会计凭证审查、会计报表分析等传统方法入手，很难洞悉企业的这类盈余管理。

相比较而言，地方人民政府所属企业规模较小，经营的地域范围也较为集中。地方人民政府由于经常深入企业实地进行调研、解决配套问题以及长期工作积累了大量的历史数据和资料，对企业的实际情况拥有更大的信息优势，能够实施更为有力的监督。

（2）治理原则的差异性

大量研究认为中央人民政府对所属国有企业采用的治理原则更多是"依法治理"，其派出机构在对企业实施会计检查时，主要是对会计数据的"合法合规性"实施监督。相对于会计造假被明确认定为违法行为，对于盈余管理的经济责任认定目前在国有企业中仍处于一种模糊状态，没有明文规定。因此，在会计谨慎性与蓄意降低会计盈余之间，在实际检查过程中很难做到明确的"有法可依"。相比于多报盈余的行为，中央国有企业的少报盈余的行为受到投资者诉讼的风险更小。

与中央人民政府的"依法治理"不同，地方人民政府领导人的主观意识在所属企业的治理过程中发挥了重要的作用，"人治"色彩浓重。特别是在财政分权的背景下，地方国有企业的业绩表现直接关系到所在地区的经济增长和地方领导人的政治晋升资本，领导人有强烈干预企业增加盈余的动机（朱茶芬 等，2008）。国有企业领导人实施的盈余管理尽管同样难以通过证据被直接证实，但"不合时宜"的降低盈余将会被视为"政治异类"或"政治上的不忠诚"，使得其在地方领导人的意志下被替换。

（3）替代性补偿机制的差异性

Baiman 等（1987）、Riordan（1987）的研究指出，在多期博弈模型中，当委托人拥有更为完善的监控信息时，如果片面减少代理人依靠私人信息获取的租金，可能出现的结果是代理人由于担心委托人的机会主义行为，导致其在更大程度上扭曲自身的初始行为。因此，经理人通过替代性补偿机制所能获取的信息租金也决定了其盈余管理的行为。王克敏等

（2007）的研究也发现，经理人的控制权收益与盈余管理行为之间是一种互补关系。

因此，当地方人民政府对拥有明显信息优势的国有企业经理人提供薪酬时，为避免经理人扭曲其初始投资行为，产生激励不足的代理问题，地方人民政府有意识地增加了其控制权收益，预留了信息租金。张仁德、韩晶（2003）指出国有经济的腐败更大程度上是地方人民政府与代理人合谋的结果。此外，地方人民政府频繁采用"锦标赛机制"对业绩名列前茅的国有企业领导人给予除薪酬之外的单独巨额经济奖励，其实质是为地方企业领导人提供了一种真实诱导型的薪酬方案。

在中央层次，由于中央人民政府所处的"中立超脱地位"和其具有的典型示范效应，其对经理人的非法控制权收益实施了严厉限制，薪酬管制的替代性补偿机制主要是通过政治晋升实现。一般而言，中央所属国有企业规模较大，"潜在行政级别"更高，相比于地方国有企业领导人，拥有更为优越的晋升前景。政治晋升与否，取决于所在企业的业绩表现。这一激励措施在一定程度上能够避免领导人因薪酬管制而产生的降低盈余的动机。

但依据现行的《中央企业负责人经营业绩考核暂行办法》，经理人的业绩评级很大程度上取决于其任期内的综合考核。即不仅取决于指标完成的绝对值，还取决于实际完成值与预定指标之间的差异。当采用"前三年实际完成指标"加成方法制定未来预期指标时，强化了经理人受到薪酬管制时的平滑盈余的动机。中央人民政府为经理人提供了一种"预算松弛诱导型"的报酬方案，无论是从经济激励还是从政治激励的角度出发，中央经理人的最佳选择均是在受到薪酬管制时，在任期前期降低会计盈余，在任期后期转回盈余，冲刺晋升资本。

在上述分析的基础之上，笔者提出了假设二和假设三：

H2：薪酬管制会导致中央国有企业经理人实施减少会计收益的盈余管理，而对地方国有企业没有明显影响。

H3：中央企业的领导人在任期前期会由于薪酬管制的影响实施减少利润的盈余管理，但在任期后期没有明显影响，并转回前期隐藏的会计收益。

4.3.3　管制方式对盈余管理的影响

本章采用预测薪酬值与实际薪酬值的差距度量薪酬管制程度。这一度量方式意味着当管制度程度为正时可能有两种解释：第一，意味着国有企业经理人薪酬浮动区间狭窄，公司业绩容易超过其所能获得薪酬奖励的会计盈余上限；第二，意味着国有企业经理人薪酬对其业绩贡献的敏感度更低，或者说弹性更小，即经理人从为企业创造的每一份利润中所能获得的分享收益更少。国有企业经理人除实施最高薪酬限额管制外，部分国有企业可能还同时存在有对经理人贡献的边际收益管制。管制方式的不同，可能导致经理人对会计盈余的不同操纵。按照 Watts、Zimmerman（1978）、Deangelo（1985）等人提出的经理人最大化薪酬假设，即当经理人薪酬一定时，对当期薪酬的评价超过未来同等薪酬的评价。采用降低经理人贡献边际收益的管制方式，可能降低经理人的工作积极性，但当经理人难以退出现有职位时，最大化当期收益成为其最佳选择。此时，薪酬管制对于盈余管理没有明显影响。与此相对应，设置最高限额的薪酬奖励使得经理人的超常业绩完全无法得到补偿，并垫高以后年度的预算基数。结合假设一，笔者提出假设四：

H4：管制经理人贡献的边际收益对中央国有企业盈余管理没有明显影响，设置经理人的最高薪酬限额会导致中央国有企业经理人实施减少利润的盈余管理；这两种管制方式对地方国有企业均没有明显影响。

4.4 样本选择

在样本选择上，本章仍然沿用了第三章的样本，考虑到以前研究中发现的新股发行、配股、扭亏等因素对盈余管理的影响，因此在第三章进行样本选择时，已剔除掉了上述样本，避免其对本章研究结论的影响。

4.5 模型设定及变量描述

4.5.1 盈余管理的度量及模型设定

目前我国的研究者主要采用了两种方法对盈余管理实施度量：一种是采用操纵性应计的方法；另一种则主要是采用非经常性损益予以度量。大量的研究认为，操纵性应计是度量盈余管理的良好替代性变量，特别是近年来，盈余管理的隐蔽性愈发提高，传统的利用线下项目实施盈余管理的方法逐渐减少，采用非经常性损益予以度量的准确性正在降低。因此，在本书中，笔者选择了操纵性应计作为盈余管理程度的度量。Guay、Kathari、Watts（1996）利用市场有效性的评价机制对 Healy（1985）、Deangelo（1986）、Jones（1991）、Dechow（1991）等五种模型在经理人机会主义行为下，分离正常应计和操纵性应计的有效性进行了检验。发现 Jones（1991）和"修正琼斯模型"在识别操纵性应计上最为准确和有效。本章借鉴了陆建桥（1999）的做法，在"修正琼斯模型"的基础之上引入无形资产和其他长期资产变量计算非操纵性应计。主要变量定义及描述见表4-1，模型设定见式（4-1）、式（4-2）。

表4-1 主要变量定义及描述

变量名称	变量定义
NDA_{it}	第 i 个公司在第 t 年年末的非操纵性应计
A_{it-1}	第 i 个公司在第 $t-1$ 年年末的总资产
ΔREV_{it}	第 i 个公司在第 t 年营业收入的增加额
ΔREC_{it}	第 i 个公司在第 t 年应收账款的增加额
FA_{it}	第 i 个公司在第 t 年年末的固定资产
IA_{it}	第 i 个公司在第 t 年年末的无形资产和其他长期资产
DA_{it}	第 i 个公司在第 t 年年末的操纵性应计
TA_{it}	第 i 个公司在第 t 年年末的总应计

$$NDA_{it}/A_{it-1} = \alpha_i\left[1/A_{it-1}\right] + \beta_{1i}\left[\Delta REV_{it}/A_{it-1} - \Delta REC_{it}/A_{it-1}\right] +$$
$$\beta_{2i}\left[FA_{it}/A_{it-1}\right] + \beta_{3i}\left[IA_{it}/A_{it-1}\right] \tag{4-1}$$

$$DA_{it} = TA_{it} - NDA_{it} \tag{4-2}$$

在对模型（4-1）的估计上，鉴于我国资本市场成立的时间较短，时间序列的数据不足，本书采用了大多数学者的变通做法，即采用了截面数据估计模型。

4.5.2 薪酬管制对盈余管理影响的模型

薪酬管制对盈余管理影响的模型见式（4-3）、式（4-4）和式（4-5），模型中文变量的名称及定义见表4-2。

$$DTAC_{it} = \alpha_0 + \alpha_1 regulationIndex_{it} + \alpha_2 size_{it} + \alpha_3 year_{2006} + \alpha_4 year_{2007} +$$
$$\alpha_5 \sum Indu + \varepsilon_{it} \tag{4-3}$$

$$DTAC_{it} = \alpha_0 + \alpha_1 coe_{it} + \alpha_2 loe_{it} + \alpha_3 coe_{it} \times regulationIndex_{it} +$$
$$\alpha_4 loe_{it} \times regulationIndex_{it} + \alpha_5 size_{it} + \alpha_6 year_{2006} +$$
$$\alpha_7 year_{2007} + \alpha_8 \sum Indu_{it} + \varepsilon_{it} \qquad (4\text{-}4)$$

$$DTAC_{it} = \alpha_0 + \alpha_1 coe_{it} + \alpha_2 loe_{it} + \alpha_3 coe_{it} \times regulationIndex_{it} +$$
$$\alpha_4 loe_{it} \times regulationIndex_{it} + \alpha_5 last_{it} \times coe_{it} + \alpha_6 last_{it} \times loe_{it} +$$
$$\alpha_7 size_{it} + \alpha_8 year_{2006} + \alpha_9 year_{2007} + \alpha_{10} \sum Indu_{it} + \varepsilon_{it} \qquad (4\text{-}5)$$

表 4-2   变量名称及定义

变量名称	变量定义
因变量	
$DTAC_{it}$	第 i 个公司第 t 年的操纵性应计除以第 t 年年初的资产总额标准化以后的数额
自变量	
Coe_{it}	第 i 个公司第 t 年是否为中央国有企业的虚拟变量，如果是取1，否则取0
Loe_{it}	第 i 个公司第 t 年是否为地方国有企业的虚拟变量，如果是取1，否则取0
$RegulationIndex_{it}$	第 i 个公司第 t 年是否受到管制的虚拟变量，如果受到管制，即原变量 $Regulation_{it}>0$，则虚拟变量取值1，否则取值为0
$Last_{it}$	虚拟变量，代表董事长或董事会是否处于本届董事会的最后一年，如果样本值是本期董事会到期的当年或前一年，本书将其认定为最后一年，$Last_{it}$取值为1，否则取值为0
控制变量	
$Size_{it}$	第 i 个公司第 t 年年末的公司规模，以公司资产的自然对数衡量
$Year_{2006}$	年度控制变量，2006 年取值为1，否则为0
$Year_{2007}$	年度控制变量，2007 年取值为1，否则为0
$Indu_{it}$	行业控制变量

在模型（4-3）中，笔者笼统地考察了薪酬管制这一要素对于企业盈

余管理的影响[1]，对假设一进行检验。

在模型（4-4）中，笔者借鉴了 Qian 等（2008）的做法，依据实际控制人的性质所有权将企业划分为中央国有企业、地方国有企业和非国有企业，通过所有权性质与薪酬管制虚拟变量的交互项，考察在不同所有权性质下企业经理人薪酬管制是否对盈余管理有不同影响，对假设二进行检验。

笔者为了检验假设四提出的政治晋升对于薪酬管制的抑制作用，对模型（4-4）按照是否处于董事会任期的最后一年进行了分组回归，考察中央国有企业中薪酬管制在不同时期对于盈余管理的影响。并在模型（4-5）中进一步引入了代表经理人是否处于任期最后一年的 $Last_{it}$ 虚拟变量与所有权性质的交互项进行考察。

在考察管制方式对于盈余管理的影响时，笔者对模型（4-4）进行了分组对比研究，对样本受到的最高薪酬限额管制和受到的贡献边际收益管制分别进行回归。其中在对两类样本的划分上，考虑到国有企业对预期业绩考核指标制定过程采用的是"基数加成"的办法，将上一年度的指标作为制定的基础。因此，本章中将样本年度营业利润超过上一年度营业利润且 $Regulation_{it}$ 为正的企业定义为受到最高薪酬限制的企业，将样本年度营业利润低于上一年度营业利润且 $Regulation_{it}$ 为正的企业定义为受到贡献边际收益管制的企业。

控制变量选取的说明：考虑到 Jones（1991）、Cahan（1997）等人以及张晓东（2008）所发现的国内外企业由于政治成本影响所实施的盈余管理的证据，笔者在本书的研究过程中引入了公司资产的自然对数作为政治

----

[1]　笔者在三个模型中引入的都是是否受到薪酬管制的虚拟变量，而未直接采用薪酬管制的强度，原因是经理人在实施盈余管理时，管制强度与盈余管理的强度不是线性关系。并非薪酬管制越强，盈余管理的程度也越强，经理人必须考虑可能因过差的业绩表现被解聘或造成债务违约。但总体来看，受到薪酬管制的经理人会比未受薪酬管制的经理人更倾向于保留盈余。

成本的控制变量。此外，笔者还引入了行业控制变量和年度效应进行控制。

尽管 Defond、Jimbalvo（1994）发现临近违约的管理层有动机通过增加利润的盈余管理措施来规避可能的违约，公司债务比例可能是影响企业盈余管理的一个重要因素。但是在我国，大量的研究者发现，政府对金融企业的干预和对当期企业的保护扭曲了当地金融市场的运行，资本的流动性和配置效率大幅度降低，债务的预算约束作用也得到软化（恭冰琳 等，2005；Boyreau－Debray et al.，2005；周立，2003）。此外，李延喜 等（2007）的研究指出我国公司治理要素并不影响操纵性应计的数额。因此，在本书的研究过程中，笔者没有引入债务比率和公司治理变量作为操纵性盈余的控制变量。

4.6　实证回归结果分析

4.6.1　薪酬管制对盈余管理的总体影响

在对 H1 的检验中，表 4-3 和式（4-3）的回归结果显示，代表是否受到薪酬管制的虚拟变量 $RegulationIndex_{it}$ 在统计意义上不显著，说明当未考虑中央人民政府与地方人民政府的不同治理背景时，薪酬管制对盈余管理的影响并不明显。这与之前研究者的结论一致，即大多数研究者认为我国经理人薪酬不是影响盈余管理的主要因素。或者更进一步地说，我国国有企业的经理人不会因薪酬管制而实施减少当期收益的盈余管理。但正如笔者在理论分析阶段所指出的一样，经理人在不同层次的国有企业中，在采取不同管制方式的企业中，盈余管理的表现程度可能都存在差异性。因此，综合的回归结果可能是不同背景下经理人行为的综合，为了进一步将研究问题深入化，笔者对后续假设进行了检验。此外，笔者还发现尽管 $RegulationIndex_{it}$ 不显著，但其符号为负，说明确实可能存在部分国有企业因薪酬管制而实施降低收益的盈余管理，这也激发了笔者进一步搜寻究竟是哪些国有企业因薪酬管制而实施了这一行为。

4.6.2 薪酬管制对中央、地方国有企业盈余管理的不同影响

当笔者引入所有权与薪酬管制的虚拟变量交互项以后，式（4-4）中的 $RegulationIndex_{it} \times Coe_{it}$ 在5%的显著性水平下通过检验，且系数为负，说明当中央国有企业存在薪酬管制时，经理人存在通过操纵应计项目，减少企业当期会计盈余的行为。$Loe_{it} \times RegulationIndex_{it}$ 的系数尽管为负，但并不显著，说明地方国有企业的经理人在薪酬管制的背景下，主观上有降低会计盈余的动机，但由于受到地方人民政府对会计盈余的强力监管和给予的其他替代性补偿，抵消了这一动机。这一系列的回归结果使假设二得到了证实（见表4-3）。

表 4-3 　　　　　　　　　薪酬管制与操纵性应计的关系

变量 ＼ 模型	（4-3）	（4-4）	（4-5）
α_0	0.227 109 5*** (0.057 973)	0.211 524 5*** (0.057 735 6)	0.211 107 8*** (0.057 506 2)
Coe_{it}		0.011 814 8 (0.008 013 3)	0.005 653 6 (0.008 674 5)
Loe_{it}		−0.010 777* (0.006 296 4)	−0.012 636 5** (0.006 787 5)
$RegulationIndex_{it}$	−0.005 796 5 (0.004 22)		

表4-3(续)

模型 变量	(4-3)	(4-4)	(4-5)
$RegulationIndex_{it} \times coe_{it}$		$-0.023\ 957\ 6^{**}$ $(0.009\ 906\ 2)$	$-0.023\ 921\ 6^{**}$ $(0.009\ 879\ 5)$
$RegulationIndex_{it} \times loe_{it}$		$-0.000\ 021\ 9$ $(0.005\ 534\ 2)$	$-0.000\ 211\ 7$ $(0.005\ 505\ 5)$
$Last_{it} \times coe_{it}$			$0.017\ 872\ 7*$ $(0.009\ 892\ 4)$
$Last_{it} \times loe_{it}$			$0.005\ 588\ 9$ $(0.005\ 064\ 9)$
$Size_{it}$	$-0.010\ 874\ 6^{***}$ $(0.002\ 610\ 6)$	$-0.009\ 941\ 1^{***}$ $(0.002\ 608\ 6)$	$-0.009\ 909\ 9^{***}$ $(0.002\ 595\ 8)$
$Year_{2006}$	$0.003\ 766\ 5$ $(0.003\ 861\ 7)$	$0.003\ 787\ 3$ $(0.003\ 858\ 1)$	$0.004\ 144$ $(0.003\ 864)$
$Year_{2007}$	$0.048\ 539\ 3^{***}$ $(0.005\ 252\ 9)$	$0.047\ 956^{***}$ $(0.005\ 249\ 2)$	$0.047\ 656\ 3^{***}$ $(0.005\ 282\ 5)$
$Indu_{it}$	控制	控制	控制

注：表4-3中回归系数一栏中括号内的内容为Robust估计的稳健方差，***代表在1%的水平下显著，**代表在5%的水平下显著，*代表在10%的水平下显著

4.6.3　政治晋升对薪酬管制下盈余管理的影响

当笔者在（4-5）式中引入$Last_{it}$与股权性质的两个交互变量后，（4-5）式的回归结果与（4-4）式的结果在共同变量的系数和显著性上没有明显差异，且$last_{it} \times coe_{it}$的系数为正。在10%的显著性水平下通过检验，说明当中央国有企业的经理人处于任期末期时，会产生转回前期盈余和增加当期盈余的行为，以冲刺晋升机会。$last_{it} \times loe_{it}$的系数尽管为正，但并不显著，说明地方人民政府控制下的国有企业不存在任期末期转回隐藏盈余的行为。对其可能的解释是，地方人民政府对其所属企业实施了严格的监督，以确保其每期能如实报告盈余，至少不少报盈余，有效地遏制了地方企业经理人在前期隐藏利润构建盈余准备的行为，这一证据对假设三进行

了证实。为了进一步分析任期内不同阶段下薪酬管制对盈余管理的影响，笔者还进行了分年度的回归（见表4-4）。

表4-4　　　　　薪酬管制对操纵性应计影响的分年度回归结果

变量	非最后一年的回归系数	最后一年的回归系数
α_0	0.254 634 7 (0.016 358 9)	0.141 664 1 * (0.078 548 5)
Coe_{it}	0.010 374 1 (0.009 803)	0.014 352 2 (0.013 919 5)
Loe_{it}	−0.009 516 (0.008 096 3)	−0.012 023 6 (0.009 497 8)
$Coe_{it} \times RegulationIndex_{it}$	−0.024 512 6 ** (0.012 976 6)	−0.020 005 5 (0.014 658 9)
$Loe_{it} \times RegulationIndex_{it}$	0.001 562 4 (0.007 229 3)	−0.003 078 (0.007 997 1)
$Size_{it}$	−0.012 103 2 *** (0.003 511 8)	−0.006 414 1 * (0.003 634)
$Year_{2006}$	0.000 592 (0.004 602 2)	0.011 550 8 (0.007 106 8)
$Year_{2007}$	0.049 742 6 *** (0.007 234 4)	0.043 876 7 *** (0.007 443 5)
$Indu_{it}$	控制	控制

注：表4-4中回归系数一栏中括号内的内容为Robust估计的稳健方差，***代表在1%的水平下显著，**代表在5%的水平下显著，*代表在10%的水平下显著

分年度的回归结果显示对于中央国有企业而言，当公司董事会处于非最后一年时，代表中央国有企业经理人薪酬管制的 $Coe_{it} \times RegulationIndex_{it}$ 系数为负，且在5%的水平下通过检验；而当公司董事会处于最后一年时，$Coe_{it} \times RegulationIndex_{it}$ 的系数变得不显著。说明政治激励效应只有在经理人轮职换届之时才能发挥作用而抵消因薪酬管制带来的不良影响。中央国有企业领导人在每一个任期（五年）前期倾向于藏利，在临近任期结束时转回前期藏利，冲刺晋升机会或保住现有职位。当晋升未果时，则重复此

循环，直至晋升成功或退出现有企业，即在图形上呈现为"W"形（见图 4-1）。代表地方国有企业薪酬管制的 $Loe_{it} \times RegulationIndex_{it}$ ，无论是否处于任期最后一年均不显著，说明没有证据表明地方国有企业存在蓄意构建盈余准备的情况。

此外，笔者发现了公司规模对中央国有企业经理人盈余管理的不同影响。与 Makar、Alam（1998）等人研究结果的不同，国外研究发现大公司倾向于通过降低盈余来减少社会公众关注和政府的政治干预。但表 4-4 的结果显示，将处于任期最后一年的企业与非最后一年的企业相比较, $Size_{it}$ 的系数大小和显著性都有所降低，说明对于中央国有企业而言，企业规模越大的领导人，越有可能获得晋升，其政治前途越发明朗，越有动机在任期接近结束时提高会计盈余，增加其晋升资本，冲抵掉企业因社会关注而实施的减少收益的盈余管理。

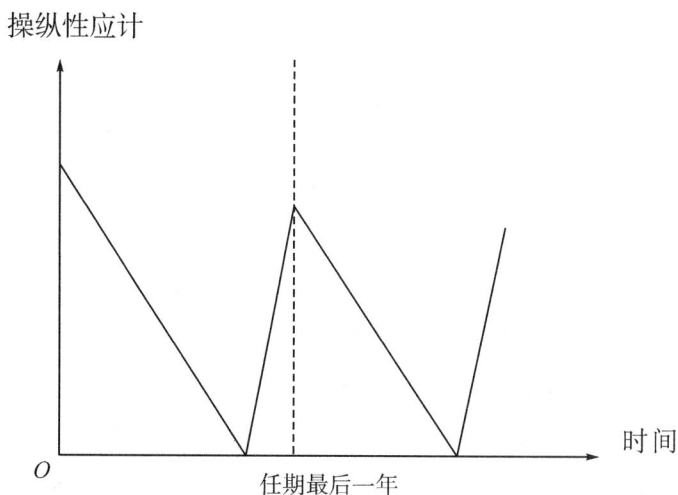

图 4-1　薪酬管制下操纵性应计随任期时间的变化

4.6.4 不同薪酬管制方式对盈余管理的影响

不同薪酬管制方式对盈余管理的影响见表4-5。

表4-5   不同薪酬管制方式对盈余管理影响的分组回归结果

变量	对经理人贡献的边际收益实施管制	对经理人的最高薪酬实施管制
α_0	0.094 714 2 (0.069 548 1)	0.262 272 5 *** (0.079 959 8)
Coe_{it}	0.000 697 8 (0.012 401 7)	0.015 494 8 (0.009 943 7)
Loe_{it}	−0.011 013 2 (0.008 620 1)	−0.010 358 5 (0.008 558 1)
$Coe_{it} \times RegulationIndex_{it}$	−0.006 977 2 (0.013 675 6)	−0.030 918 2 ** (0.012 803 1)
$Loe_{it} \times RegulationIndex_{it}$	0.002 554 5 (0.007 747 5)	−0.001 348 7 (0.007 526 9)
$Size_{it}$	−0.004 303 1 (0.003 202)	−0.012 379 *** (0.003 577 4)
$Year_{2006}$	−0.001 283 5 (0.006 249 9)	0.006 677 5 (0.004 925 8)
$Year_{2007}$	0.058 844 1 *** (0.007 843 7)	0.045 109 6 (0.006 67)
$Indu_{it}$	控制	控制

注：表4-5中回归系数一栏中括号内的内容为Robust估计的稳健方差，***代表在1%的水平下显著，**代表在5%的水平下显著，*代表在10%的水平下显著

管制方式的分组回归结果显示，当政府对经理人贡献的边际收益实施管制时，无论是中央国有企业还是地方国有企业，均没有出现因薪酬管制而降低当期会计盈余的行为。这说明经理人此时的边际收益虽然低于民营企业，但由于国有企业的经理人难以让出现有职位，当经理人被迫留在企业中时，会努力地使当期收益最大化。

另外，当政府对经理人实施最高薪酬限额管制时，代表中央企业盈余

管理程度的 $Coe_{it} \times RegulationIndex_{it}$ 系数为负，且在5%水平下显著，证实此时中央国有企业的经理人会在受到最高薪酬限额管制时，实施减少当期收益的盈余管理。

管制方式的不同导致了经理人应对政策的手段不同，这为后续改进政策提供了经验证据。

4.7 研究结论

本章结合中央人民政府与地方人民政府财政分权的特殊制度背景，针对经理人薪酬管制对盈余管理的影响进行了系统分析和探讨。本章检验了薪酬管制对盈余质量的经济后果，结论指出经理人并非是现有政策的被动接受者，而是积极主动地通过对会计盈余的操纵，影响上级主管部门对其评价指标的制定和薪酬值的设定。薪酬管制下，经理人自利动机、政府管制动机共同决定了经理人对会计盈余操纵的结果。中央人民政府控制下的国有企业由于缺乏有效的替代性补偿机制和对经理人隐藏利润的完善监督约束机制①，使得中央国有企业广泛存在有"藏利"现象。

本书发现，传统意义上的政治晋升激励不足以在整个任期内抑制中央国有企业领导人的藏利行为，薪酬管制下，中央国有企业呈现出明显的盈余平滑的趋势。以前的研究指出，中央国有企业的会计盈余相对于地方国有企业更为稳健，其信息质量更高。然而，笔者认为会计信息同样存在

---

① 中央人民政府对企业的管理，实行的是"法治"原则，对于经理人的奖惩是依法而为的相对而言，中央人民政府派出的审计署、大型国有企业监事会等机构对于会计造假和多报会计盈余的行为监督严格且有法可依，但对于少报盈余的现象还是不能严格监管。因为这种现象不属于传统审计的重点，同时缺乏明确的惩罚规定。

"过犹不及"的问题，例如在薪酬管制下，过度的稳健并不意味着会计质量的提高，相反可能是经理人蓄意降低会计信息质量的结果。地方人民政府增加企业会计盈余的干预行为和治理过程中的领导人"人治"的特征，无意中在一定程度上发挥了积极的治理效用。

本书的研究还发现薪酬管制应注意具体方式的选择，不同方式对于经理人操纵会计盈余的行为有不同的影响。当管制国有企业经理人贡献的边际收益时，对于会计信息的质量没有明显的影响；而设置最高薪酬限制时，将出现国有企业的"藏利"现象。这也说明 Healy（1985）的研究结论在我国也具有一定的适用性，只是当存在其他制度性因素的影响时，可能会模糊其效果。

5 薪酬管制对在职消费自愿性披露的影响

5.1 问题的提出

当国有经理人的努力无法得到合理补偿时，在职消费便成为经理人追求控制权收益最重要的方式。我国国有企业长期存在的在职消费问题引起了研究者的普遍重视，陈冬华等（2005）探讨了薪酬管制与在职消费之间的相关关系，指出我国国有企业的薪酬管制是导致经理人追求在职消费的重要因素，在职消费所带来的租值耗散在国有企业中超过了企业经理人自我激励带来的租金增长，导致了企业业绩的下降。罗宏等（2008）从自由现金流假说出发，探讨了国企分红对自由现金流量的影响，及其对在职消费的治理作用。但上述研究使用的数据均来源于上市公司的自愿性披露，这一方法将不可避免地产生样本自选择的误差。比弗指出对信息租金的追求是资本市场信息披露最本质的特征，已有研究更是显示自愿性信息披露存在明显的"自我服务"（Self-serve）的意图，上市公司会策略性地选择不同的披露时间、内容和方式（Dye，2001；Healy et al.，2001）。基于经理人自利性选择披露的在职消费数据难以真实反映事物本来的联系，其结果可能是有偏向的。因此，探讨薪酬管制将如何影响经理人在职消费的自愿性披露，以及何种企业的经理人会倾向减少在职消费披露是更为本源性的问题。

这一研究的意义在于：

（1）有助于对依据经理人自愿性披露数据所获得的研究结论进行解读和进一步完善。Heckman（1978）指出对于自选择的弊病，可采用工具变量的两阶段最小二乘法进行修正。其中，当被解释变量是二元选择变量时，最宜选用潜变量模型。Heckit 过程所提出的截断机制，首先在第一阶段针对经理人是否披露在职消费数据对其决定要素的外生变量进行 Probit 回归，并估计出 IMR（Inverse Mills Ration，逆米尔斯比率），其次才是将 IMR 纳入新模型中用于度量自愿性披露信息对公司价值等因素的影响。本书的研究是对第一个阶段进行完善。

（2）有助于从动态视角对自愿性披露的动机进行分类研究。尽管现有文献中探讨自愿性披露决定因素的文献较多，但这一系列的研究无一例外的是将公司的所有自愿性披露信息作为一个整体进行综合考察，这一做法的不足之处是影响经理人自愿性披露的动机可能是多样化的。包括资本市场交易动机（Myer et al.，1984；Healy et al.，1995）、控制权竞争动机（Deaagelo，1988；Warner，1998）、股票报酬动机（Noe，1999；Aboody et al.，2000）、诉讼成本动机（Skinner，1994）、管理能力信号动机（Trueman，1986）等。因此，每一项自愿性披露都是由其中一个或若干个动机决定，将不同动机影响下的自愿性披露行为作为一个整体（例如：公司整体自愿性披露指数）综合考察其影响因素，其结论缺乏现实解释力，且稳健性不高。因此有必要针对某一项具体项目的自愿性披露行为结合其披露动机进行单独考察。

5.2　文献综述

由于合约的不完善性和缔约成本的存在，投资者与企业之间广泛存在的信息不对称问题难以完全通过政府强制性的条款予以规范。出于自利性动机的激励，如降低融资成本、避免控制权转移等，除强制性披露的规则要求之外，公司管理层开始主动提供关于公司财务和发展的相关信息，将其作为对强制性信息披露的补充与扩展。自愿性信息披露的理论依据主要来源于代理成本理论和信息传递理论。

5.2.1　基于代理理论的自愿性披露研究

代理理论认为，信息的不对称性可能会导致经理人做出有利于自己而损害所有者利益的行为。当所有者意识到这一问题时，会在信息不对称的背景下，主动降低对代理人的评价，并将对代理人的激励建立在可能发生败德行为这一假设之上。代理人在此过程中所能获得的激励更低，委托人与代理人的利益均受到损失。为降低这一无谓损失，在强制性披露规则之外，需要额外的信息弥补委托人与代理人之间的信息不对称状况。出于披露成本的考虑，由内部人主动披露信息相对于委托人采用监控系统获取信息的成本更低，导致出现由代理人提供自愿性信息披露以缓解信息不对称的状况（Jensen et al., 1976）。

由于代理成本的直接衡量较为困难，因此探讨代理成本对自愿性披露影响的多数研究将所有权结构、债务比例等可能影响代理成本的公司治理要素作为代理成本的替代品，间接地探讨其对自愿性披露的影响。总体来看，这一领域的研究结论很不统一，既体现在不同国家的差异上，又体现在不同时间的差异上。例如：针对债务比例对自愿性披露的影响，Eng、Mak（2003）以新加坡的上市公司为样本，发现较高的债务具有自由现金流量的治理效应，可以作为对自愿性信息披露的替代。Jensen、Meckling（1976）以及 Wallace 等（1994）以美国公司为样本进行的研究则与其结论正好相反，他们指出债务在发挥治理效应的同时，也可能激化所有者与债权人的代理矛盾。债务比例与公司的代理成本存在正向关系，比例越高时，越需要通过自愿性披露来缓解这一代理问题。Depoer（2000）针对法国公司的研究并未发现债务比例与自愿性披露的相关关系。Eng、Mak（2003）对这一差异的解释是其可能源于不同国家制度之间的差异。

回归到同一国家之内的研究，即使选择的研究时机不同，也会造成代理成本对自愿性披露的不同影响。王咏梅（2003）的研究指出在股权分散的情况下，大股东对中小股东的隧道效应越严重，中小股东对自愿性披露的需求越强烈。但程新生等（2008）却发现了相反的证据，即在股权集中的公司，大股东和管理层为了掩盖他们的侵占行为会倾向于较少自愿性披露，降低信息透明度。这一研究差异提示研究者，对此问题的关注必须考虑在不同动机下代理成本对自愿性披露的影响。公司治理对于自愿性披露的影响不同，既可能表现为"支持"效应，也可能表现为"掏空"。例如，在公司发行新股或配股时，代理成本高昂的公司（如所有权集中度高、债务比例高的公司）会增加自愿性信息披露来缓解信息不对称，以减少融资成本。但当公司完成融资需求以后，且大股东绝对控股造成控制权接管机制难以有效发挥作用时，代理成本高昂的企业可能减少对外的自愿性披露，损害中小股东的利益。

5.2.2 基于信息传递理论的自愿性披露研究

信息传递理论认为面对市场的信息不对称和逆向选择问题，企业的自愿性披露起到了信息传递作用，拥有企业未来现金流量等私人信息的好的管理者有动力进行充分披露，将高质量企业与低质量的企业区分开来，以减少投资者和债权人对公司前景的不确定性和对公司的误解。Lev、Penman（1990）指出，拥有好消息的公司会倾向于自愿性披露其消息，以使公司价值超过现有市场对其的平均估值水平。因此，通常与"好公司"密切相联系的公司营利性、公司规模、上市状况等特征与自愿性信息披露有着密切的关系。

Singhvi、Desai（1971）指出更高的营利性会激励经理人提供更高水平的自愿性披露以获取市场的信任，继而提高市场对经理人能力的评价，增加经理人的薪酬水平。随后 Lang、Lundholm（1993）进一步强调，信号传递作用的发挥应关注自愿性披露的背景要求，即在仅限于投资者与经理人之间信息不对称程度相当高的情况下，营利性与自愿性披露水平之间的正相关关系才存在。他们的研究随后得到了 Raffournier（1995）的证实，他发现在瑞士上市公司的自愿性披露中，如果不考虑信息不对称状况，营利性与自愿性披露之间并不存在直接的相关关系。Belkaoui、Kahl（1978），Wallace、Naser（1995）甚至发现了公司营利性与自愿性披露水平显著为负的证据。

相对而言，公司规模与自愿性披露的相关性研究结论相对较为统一，无论是发达国家（Lang et al., 1993；Scott, 1994）还是发展中国家（Chow et al., 1987；Ahmed et al., 1994），理论研究指出公司规模均与自愿性披露存在正向关系。理由是大公司受到的社会关注更多，政治压力越大，所需融集的资金也越多，因此更倾向于增加披露，向社会传递其好的信息。

学者通过进一步研究指出，由于公司规模与是否公开上市存在较强的相关性，因此分离二者各自对自愿性披露的影响显得尤为困难，很难明确谁的影响更大。例如，Singhvi 和 Desai（1971）、Firth（1979）、Hossain 等（1994）指出在影响自愿性披露的要素中，是否上市的影响更为显著；而 Buzby（1975）的结论则正好相反。

在信息传递理论对自愿性披露的后果解释上，研究者们获得了良好的证据支持。Healy 和 Palepu（2001），汪炜和蒋高峰（2004）均发现公司的自愿性披露有助于降低企业的权益资本成本。Sengupta（1998）的研究则指出高质量的自愿性披露可降低债权人对未来违约风险的预期，从而降低债务利率。

5.3　理论基础及研究假设

5.3.1　代理成本与信息传递中的财产权成本对自愿性披露的影响

上述文献叙述了两种理论影响下的信息披露行为，然而信息披露既有收益，又有成本，正是两种理论下的收益成本权衡决定了自愿性披露数量的多少。具体而言包括了代理理论中的代理成本（Agency Cost）与信息传递理论中的财产权成本（Proprietary Cost），两种成本随着信息披露量的增多，形成了此消彼涨和相互制约的关系。

Grossman（1981）和 Milgrom（1981）的逆向选择理论指出，当所有者无法从已有的信息中获取关于经理人能力、努力程度的相关信息时，就只能按照市场平均水平或其认为的最差状况对经理人做出评价。这一评价过程激励经理人尽可能详细披露信息，以帮助所有者做出正确判断。

但现实中经理人只会或多或少对其私人信息做出部分披露，与逆向选择理论指出的情况不完全相符。Verrecchia（1983）和 Dye（1985）指出财产权成本（Proprietary Cost）是影响经理人自愿性披露的另一个重要因素，当经理人向所有者传递详细的自愿性披露信息以区别于其他企业时，也导致了竞争对手、敌意接管者、经理职位的竞争者，能够更好地获取企业信息，采取损害公司前景或经理人利益的行为。

因此，财产权成本（Proprietary Cost）和代理成本（Agency Cost）共同决定了自愿性披露的程度。二者的关系体现在：一方面，自愿性披露的增加可能导致财产权成本的增加，为控制财产权成本，经理人在一定程度上需要以牺牲代理成本为代价；另一方面，由于财产权成本的存在被投资者认识到，当经理人减少自愿性披露时，所有者可能无法准确判断这一结果究竟是因为受潜在代理问题的影响还是为了防止信息被潜在竞争者利用，投资者会一定程度上减弱对经理人的折价，缓解代理成本。最终经理人的自愿性披露会到达一个均衡值，即增加自愿性披露所减少的边际代理成本等于增加的边际财产权成本。

笔者进一步将两种成本的权衡运用于对经理人在职消费自愿性披露这一具体项目上。在职消费通常被视为经理人为追求私人收益而损害投资者利益的典型代表。自愿性披露成为经理人自觉接受投资者监督、赢得良好社会舆论的主要方式。因此好的企业经理人倾向于增加在职消费的自愿性披露，以使自己区别于一般经理人。特别是当企业代理问题严重、实际在职消费"超标"时，企业经理人越有动机通过增加在职消费披露来缓解高昂的代理成本。当然，经理人可能有策略地进行选择性披露，通过披露时间、内容和方式的操控，来实现管理者的特殊目的，并一定程度上形成信息偏差（李峰，2006）。另外，在职披露的增多意味着社会公众、研究者、经理职位的竞争者以及公检法等国家权力机关从中挖掘的经理人私人信息也随之增多，越有可能洞察企业内部深层次的代理问题。对于部分潜在代理问题严重的经理人而言，通过蓄意的"选择性披露"来增强透明度的做法受制于社会公众的监督，存在"弄巧成拙"的威胁。例如：近年来，据最高人民检察院举报中心统计，每年查办的贪污贿赂等案件中有八成以上依靠人民群众举报。郎咸平也指出从德隆案到上海福禧投资控股有限公司所牵扯出的上海社保案的曝光，其获取信息的主要方式不是依靠某人的举报或深入企业进行详细调查，而是依靠企业公开披露的资金流向展开调查。进一步而言，已有研究证实，在职消费作为自愿性披露的"坏消息"，会对股票的市场回报率有负向的影响（陈冬华，2005）。因此，综合来看，代理成本随着经理人在职消费自愿性披露的增加而降低，但经理人的私人财产权成本随着披露的增加而增加。经理人会在两种成本的相互制约下，达到一个均衡状态。

具体而言，当企业内部潜在代理问题严重时，经理人承担的财产权成本显然更大。在避免"东窗事发"和维护"良好声誉"之间，经理人更倾向于前者。因此通过减少自愿性披露，承担代理成本来降低财产权成本成为其更优选择。当考虑市场制约机制时，有研究指出，市场对于经理人是否进行自愿性披露的反应，并非完全对称。例如：Lev、Penman（1990）指出经理人增加盈利预测的自愿性披露时，股票一般会有好的市场表现，但当经理人不披露时，并不会有负的市场表现，这就为经理人减少自愿性披露提供了条件。特别是当市场无法获取企业的准确信息而依据市场平均水平对经理人进行折价时，如果经理人披露在职消费的实际数额差于市场预期，市场对其的惩罚甚至超过不披露时。

当经理人薪酬管制程度越强烈时，经理人内心失衡度所造成的激励机制扭曲程度越高，越有可能追求过度的在职消费来实现自我补偿，也越有可能减少在职消费的自愿性披露。因此，笔者提出假设一：

H1：薪酬管制程度越高时，国有企业经理人越倾向于减少在职消费的自愿性披露。

5.3.2 中央国有企业与地方国有企业经理人对两种成本的权衡

正如第四章所述，薪酬管制对地方国有企业领导人的替代性补偿主要是通过在职消费等实现，对于中央国有企业领导人则主要是通过政治晋升实现。来自于中央人民政府的监管要求所属国有企业经理人务必保持"清廉"，不允许其过度在职消费，声誉机制良好的国有企业领导人有可能在晋升竞争中获得更好的机会。因此，对于两种成本的评价，在中央与地方国有企业内部，经理人赋予了其不同的权重。相对而言，中央国有企业经理人更看重声誉机制和代理成本，不愿因薪酬管制这一"小利"的损失而减少在职消费披露，继而影响其政治前景。因此，笔者提出假设二：

H2：薪酬管制程度越高，地方国有企业越倾向于减少在职消费的自愿性披露，而薪酬管制程度对中央国有企业没有明显影响。

5.3.3 国有股权集中度对经理人在职消费自愿性披露的影响

在职消费的自愿性披露是保护中小投资者利益的重要机制[①]。LLSV 组合（1998）指出在投资者保护差的国家里，中小股东难以通过法律诉讼维护其正常利益时，便寄希望于大股东公正发挥其治理效应从而对经理人实施监督。通过"搭便车"的方式保护其利益几乎成为唯一可以诉求的保护机制。

国有企业股权集中度越高时，意味着国有出资人作为投资人的控制力

---

① 在此，笔者将其定义为对中小股东利益的保护，而非所有投资者，原因在于作为实质大股东的当地政府既可以利用规范的公司治理模式（如董事会）约束经理人行为；还可以通过派驻各类检查组、额外审计等定期的、非定期的方式获取经理人在职消费的真实信息。国有大股东比中小股东具有更大的信息优势。在获取信息的主要方式上，主要是通过深入企业的内部调查获取一手资料，而非经理人的自愿性披露。

越强，也意味着政府可以更好地通过国有股权对企业实施监督。因此，探讨国有股权集中度对国有企业在职消费自愿性披露的影响，实质也就是探讨政府是否愿意约束国有企业经理人的行为以保护中小投资者的利益。考察此问题，有助于读者理解政府在管制经理人薪酬时，是否愿意同时管制由此所导致的衍生行为，从而使政策真正发挥效果。

笔者认为，在财政分权的背景下，地方人民政府领导人为了与国有企业领导人形成政治联盟同其他联盟展开竞争，会有意识地调动其积极性。为避免经理人因薪酬管制而扭曲日常行为和实施减少会计收益的盈余管理，当地政府会更倾向于放宽经理人的私人信息租金，在薪酬管制的同时不会抑制经理人在职消费，也不会强迫其对社会公众进行自愿性披露。相对而言，中央人民政府更加客观公正，会为了保护中小投资者对所属国有企业经理人的自愿性披露施加有效限制。在此基础上笔者提出假设三：

H3：中央国有企业的股权集中度越高，经理人在职消费的自愿性披露程度越高；地方国有企业的股权集中度对经理人在职消费的自愿性披露则没有影响。

5.4 样本选择

样本选择上，本章仍然沿用了第三章的样本。文献综述时已经指出经理人在 IPO 配股之前会有意识地增加自愿性信息披露，以缓解信息不对称状况，降低融资成本。为避免这类因素对研究结论的影响，笔者在第三章样本选择时，已剔除掉这类公司，保证了研究的稳健性。

5.5　模型设定及变量描述

5.5.1　在职消费自愿性披露的度量

在职消费信息主要从报表附注中的"支付的其他与经营活动有关的现金流量"项目中收集获取[①]，报表披露规则中要求对于大额明细项目应进行单独披露。笔者借鉴了陈东华（2005）等人的做法，将上述项目分为八类，分别是：办公费、差旅费、业务招待费、通信费、出国培训费、董事会费、小车费和会议费。笔者对年报附注中单独披露的内容按照上述项目分别进行了归类，每披露一个项目得 1 分，否则得 0 分。上市公司在职消费自愿性披露指数即为披露项目数量的汇总得分，在本章的研究中用 $Disclosureindex_{it}$ 表示。

5.5.2　薪酬管制对在职消费自愿性披露影响的模型设定

1. 对假设一的检验及模型设定

在假设一的检验中，笔者将第三章中定义的薪酬管制程度（ _Regulation_ ）作为自变量，因变量为本章所设定的在职消费自愿性披露指数 $Disclosureindex_{it}$ 。鉴于已有研究证实公司规模（Chow et al.，1987）、营利性（Singhvi et al.，1971）、外部董事治理效应（Ruland et al.，1990）、行业类型（Stanga，1976）都是影响公司自愿性披露的重要因素，在本书

---

① 这也是现有研究中获取在职消费数据的主要方式。陈冬华等（2005）、罗宏等（2008）均采用了此方式获取在职消费的数据。

研究过程中，笔者引入上述要素和年度效应进行控制，具体度量方式如表 5-1 所示。尽管 Myers（1977）、Schipper（1981）等指出债务比例可能影响公司的自愿性披露，但考虑到我国债务治理约束效应的弱化，并没有将其纳入到控制变量之内。模型设定如下：

$$disclosureindex_{it} = \alpha_0 + \alpha_1 Regulation_{it} + \alpha_2 Size_{it} + \alpha_3 Lastroe_{it} +$$

$$\alpha_4 director_{it} + \alpha_5 Coe + \alpha_6 Loe + \alpha_7 \sum Indu_{it} +$$

$$\alpha_8 Year_{2006} + \alpha_9 Year_{2007} + \varepsilon_{it} \qquad (5-1)$$

表 5-1 主要变量定义及描述

变量名称	变量定义
因变量	
$Disclosureindex_{it}$	第 i 个公司第 t 年在职消费的自愿性披露指数，每披露一个项目得 1 分，否则得 0 分。该变量取值为自愿性披露项目的汇总得分，最高为 8 分，最低为 0 分
自变量	
$Regulation_{it}$	第 i 个公司第 t 年的经理人薪酬管制程度，详细定义见第 3.4 节
$Size_{it}$	第 i 个公司第 t 年年末的公司规模，用第 t 年销售收入的自然对数表示
$Lastroe_{it}$	第 i 个公司第 $t-1$ 年的净资产收益率，代表公司的盈利水平
$director_{it}$	第 i 个公司第 t 年的外部董事比例，以独立董事占董事会总人数的比例表示
Coe_{it}	第 i 个公司第 t 年是否为中央国有企业的虚拟变量，如果是取 1，否则取 0
loe_{it}	第 i 个公司第 t 年是否为地方国有企业的虚拟变量，如果是取 1，否则取 0
$Year_{2006}$	年度控制变量，如果为 2006 年，取值为 1，否则为 0
$Year_{2007}$	年度控制变量，如果为 2007 年，取值为 1，否则为 0
$Indu_{it}$	行业控制变量

2. 对假设二的检验及模型设定

为进一步考察中央国有企业与地方国有企业薪酬管制对在职消费自愿性披露的影响，笔者在模型（5-1）的基础之上引入了股权性质与薪酬管制程度的交互项，进一步对假设二进行检验，具体模型如下：

$$disclosureindex_{it} = \alpha_0 + \alpha_1 Regulation_{it} \times Coe + \alpha_2 Regulation_{it} \times Loe +$$
$$\alpha_3 Size_{it} + \alpha_4 Lastroe_{it} + \alpha_5 director_{it} + \alpha_6 \sum Indu_{it} +$$
$$\alpha_7 Coe + \alpha_8 Loe + \alpha_9 Year_{2006} + \alpha_{10} Year_{2007} + \varepsilon_{it} \quad (5-2)$$

3. 对假设三的检验

在假设三的检验中，笔者引入了所有权性质与股权集中度的交互项来考察其对在职消费自愿性披露指数的影响，以判断中央人民政府与地方人民政府是否会在限制薪酬的同时，抑制由此而导致的在职消费披露行为的改变，履行保护中小股东的义务。

笔者借鉴了经济学中的赫芬达尔指数作为对股权集中度的衡量变量，采用前五大股东的持股比例平方并计算，其值在本书研究中用变量 He 表示。He 值越大代表股权集中度越高，笔者分别采用交互项 $Coe \times He$ 和 $Loe \times He$ 考察处于中央人民政府控制和地方人民政府控制下国有企业的股权集中度对在职消费自愿性披露的影响：

$$disclosureindex_{it} = \alpha_0 + \alpha_1 Regulation_{it} \times Coe + \alpha_2 Regulation_{it} \times Loe +$$
$$\alpha_3 Size_{it} + \alpha_4 Lastroe_{it} + \alpha_5 director_{it} + \alpha_6 He_{it} \times Coe +$$
$$\alpha_7 He_{it} \times Loe + \alpha_8 Indu_{it} + \alpha_9 Coe + \alpha_{10} Loe +$$
$$\alpha_{11} Year_{2006} + \alpha_{12} Year_{2007} + \varepsilon_{it} \quad (5-3)$$

5.6 实证回归结果分析

5.6.1 在职消费自愿性披露的描述性统计

在职消费自愿性披露的描述性统计见表5-2。

表 5-2　　　　在职消费自愿性披露的描述性统计

	2005 年	2006 年	2007 年	总样本
已披露在职消费占各样本的比例				
中央国有企业	90/193	80/193	93/193	263/544
地方国有企业	197/492	232/492	207/492	636/1462
非国有企业	110/263	130/263	120/263	360/838
已披露在职消费的公司的披露项目的平均数				
中央国有企业	2.988 889	3.2	3.236 559	3.140 684
地方国有企业	2.918 782	2.948 276	2.927 536	2.932 39
非国有企业	3.190 909	3.138 462	3.175	3.166 667
已披露在职消费的公司的披露项目的中位数				
中央国有企业	3	3	3	3
地方国有企业	3	3	3	3
非国有企业	3	3	3	3
在职消费披露最多的项目				
中央国有企业	差旅费	差旅费	差旅费	差旅费
地方国有企业	差旅费	差旅费	差旅费	差旅费
非国有企业	差旅费	差旅费	差旅费	差旅费
在职消费披露最少的项目				
中央国有企业	出国培训费	出国培训费	出国培训费	出国培训费

表5-2(续)

	2005 年	2006 年	2007 年	总样本
地方国有企业	出国培训费	出国培训费	出国培训费	出国培训费
非国有企业	出国培训费	出国培训费	出国培训费	出国培训费

从描述性统计的结果来看，我国上市公司在职消费总体披露质量不高。近三年来，只有约40%的上市公司进行了在职消费的自愿性披露，且披露项目较少，在总共8类披露项目中，上市公司平均只披露了3个项目。不同项目的自愿性披露呈现出两极分化的趋势，上市公司愿意披露的项目主要集中在办公费、差旅费和业务招待费等难以区分正常日常开销与经理人个人在职消费的项目上，而在出国培训费、小车费等与经理人个人消费联系较为紧密的项目上则较少有公司进行披露，只有不足10%的公司披露这两个项目。

考虑到公司进行在职消费的自愿性披露时不仅受到经理人主观动机的影响，更重要的是还受对相关项目重要性的判断的影响。例如：业务招待费在全部管理费用中所占比重较大，而出国培训费、小车费所占的管理费用的比重较小。从重要性原则出发，经理人也可能加强对业务招待费的披露，而减少对出国培训费的披露。因此上述描述性统计结果只能从一个侧面反映经理人自愿性披露的意愿，为进一步考察在职消费自愿性披露的影响因素，笔者进行了回归分析。

5.6.2 薪酬管制对在职消费自愿性披露影响的回归分析

1. 对假设一的检验结果

考虑到因变量在在职消费自愿性披露指数（ $Disclosureindex_{it}$ ）中为离散变量，取值为0~8，变量值越高说明信息的透明度越高。笔者采用了排序离散变量回归（ $Oprobit$ ）模型，对（5-1）式进行回归。回归结果如

表5-3所示。

表 5-3 薪酬管制对在职消费自愿性披露的影响

变量	预测符号	回归系数
$Regulation_{it}$	−	−0.001 217* (0.000 759 7)
$Size_{it}$	+	−0.075 299 1*** (0.018 994 5)
$Lastroe_{it}$	+	1.376 904*** (0.398 412 4)
$Director_{it}$	+	−1.225 712 (0.486 087 1)
Coe	+	0.156 996 3** (0.065 499 1)
Loe	−	−0.006 896 9 (0.052 439 5)
$Indu_{it}$	?	控制
$Year_{2006}$	?	控制
$Year_{2007}$	?	控制

注：表5-3中回归系数一栏中括号内的内容为 Robust 估计的稳健方差，***代表在1%的水平下显著，**代表在5%的水平下显著，*代表在10%的水平下显著

从回归结果来看，代表薪酬管制程度的 $Regulation_{it}$ 系数为负，在10%的显著性水平下显著，说明薪酬管制程度确实对在职消费自愿性披露有负向影响。正如笔者在假设一中所提出的一样，薪酬管制程度越高，越有可能导致经理人追求自我激励，企业潜在的代理问题也越严重。此时，经理人公开披露在职消费的信息被识破或被职位竞争者利用的可能性越大，自愿性披露的财产权成本越高昂。因此，经理人越有可能减少在职消费的自愿性披露。

此外，在模型（5-1）的检验中笔者还发现了一个较为特殊的现象。公司规模（$Size_{it}$）对在职消费自愿性披露的影响显著为负，与 Lang、

Lundholm（1993）等人的研究结论均不一致（他们认为规模越大，越倾向于增加自愿性披露的程度）。本章的解释是：之前的研究均是探讨公司规模对自愿性披露总括信息的影响，强调公司为了融资需求，会增加公司对市场的透明度，降低融资成本。但是就在职消费这一单一项目而言，其特殊之处在于，公司规模越大意味着政治成本越高，在职消费的自愿性披露越容易受到社会关注，经理人将承担越高昂的财产权成本。过多的在职消费披露可能反而容易导致民众不满，因此规模越大的公司越倾向于对在职消费进行"简约"披露，在年报中"一笔带过"。$Lastroe_{it}$ 所代表的赢利能力符号为正，意味着公司赢利能力越好时，越倾向于增加在职消费的详细披露。可以将其理解为当公司赢利能力越高时，市场会对经理人的在职消费问题采取一种"宽容"的态度，容忍其进行一定的在职消费，经理人也借此机会向市场传递其有效信息，达到通过自愿性披露减轻代理成本的目标。

但是笔者也注意到，$Regulation_{it}$ 的显著性无法令人十分满意（仅在10%水平通过检验）。笔者通过进一步分析原因发现，代表中央人民政府控制的 Coe 和代表地方人民政府控制的 Loe 符号正好相反。中央人民政府控制下的国有企业存在显著增加在职消费自愿性披露的行为，而地方人民政府控制的国有企业存在减少在职消费自愿性披露的行为。这也与假设二中所提到的预测一致。为了避免中央国有企业与地方国有企业在面临薪酬管制时，其不同的在职消费自愿性披露动机对结论稳健性的影响，笔者进一步将 $Regulation_{it}$ 划分为中央企业的薪酬管制、地方企业的薪酬管制和非国有企业的薪酬管制。以非国有企业为基准，引入了 $Regulation_{it} \times Coe$ 和 $Regulation_{it} \times Loe$ 两个交互项，继续对假设二进行验证。

2. 对假设二的检验结果

在模型（5-1）的基础之上，笔者将原有的薪酬管制程度拆分为薪酬管制程度与所有权性质的交互项，对模型（5-2）进行回归，回归结果如表5-4所示。

表5-4   不同性质国有企业薪酬管制对在职消费自愿性披露的影响

变量	预测符号	回归系数
$Regulation_{it} \times Coe$	+	$-0.001\,798\,6$ $(0.001\,990\,3)$
$Regulation_{it} \times Loe$	−	$-0.002\,540\,5^{**}$ $(0.001\,154\,1)$
$Size_{it}$	+	$-0.072\,671\,4^{***}$ $(0.019\,094\,8)$
$Lastroe_{it}$	+	$1.390\,078^{***}$ $(0.398\,385\,6)$
$Director_{it}$	+	$-1.231\,004$ $(0.486\,004\,1)$
Coe	+	$0.158\,323\,6^{**}$ $(0.066\,093\,2)$
Loe	−	$-0.004\,727$ $(0.052\,489\,4)$
$Indu_{it}$	?	控制
$Year_{2006}$	?	控制
$Year_{2007}$	?	控制

注：表5-4中回归系数一栏中括号内的内容为Robust估计的稳健方差，***代表在1%的水平下显著，**代表在5%的水平下显著，*代表在10%的水平下显著

在控制所有权性质与在职消费的交互影响以后，笔者发现代表地方国有企业薪酬管制程度对在职消费披露的影响的$Regulation_{it} \times Loe$不仅系数为正，且显著性较模型（5-1）有了明显提高，在5%的显著性水平下通过检验；但代表中央国有企业相关问题的$Regulation_{it} \times Coe$系数为负，不再显著。这说明薪酬管制对地方国有企业在职消费披露有明显影响，对中央国有企业没有显著作用，假设二得到了证实。

3. 对假设三的检验结果

国有股权集中度对在职消费自愿性披露的影响如表5-5所示。

表5-5　　　　国有股权集中度对在职消费自愿性披露的影响

变量	预测符号	回归系数
$Regulation_{it} \times Coe$	+	−0.002 151 5 (0.002 005 2)
$Regulation_{it} \times Loe$	−	−0.002 512 2** (0.001 154 3)
$Size_{it}$	+	−0.074 502 6*** (0.019 133 2)
$Lastroe_{it}$	+	1.381 098*** (0.398 388)
$director_{it}$	+	−1.238 377 (0.486 061 1)
Coe	+	0.009 145 9 (0.100 696 6)
Loe	−	−0.004 241 4 (0.052 515 9)
$He_{it} \times Coe$	+	0.724 688 2** (0.366 996 7)
$He_{it} \times Loe$	+	0.001 501 9 (0.006 514 4)
$Indu_{it}$	?	控制
$Year_{2006}$	?	控制
$Year_{2007}$	?	控制

注：表5-5中回归系数一栏中括号内的内容为Robust估计的稳健方差，***代表在1%的水平下显著，**代表在5%的水平下显著，*代表在10%的水平下显著

假设三的回归结果显示（见表5-5），$He_{it} \times Coe$的系数为正，且在5%的水平下显著，说明当实际控制人为中央人民政府时，股权集中度越高，越能加强对经理人的监督，增加经理人对在职消费的自愿性披露，保护中小股东的利益。$He_{it} \times Loe$的系数不显著，证实了笔者的初始猜想，即地方

人民政府并未承担起应有的保护中小股东的责任，在薪酬管制下对经理人在职消费的披露采取漠视的态度；既在形式上管制经理人的薪酬，又在实质上让经理人的在职消费脱离于社会监督之外。

5.7　研究结论

本章从在职消费的自愿性披露角度出发，借鉴了自愿性披露中的代理理论与财产权理论对薪酬管制下经理人的在职消费披露行为进行了深入分析。笔者研究发现，国有企业中经理人薪酬管制行为降低了经理人进行在职消费自愿性披露的意愿，可能增大了企业的潜在代理成本（这将在第六章得到证实）。

面对经理人减少在职消费披露的意愿，中央人民政府与地方人民政府采取了不同的监管措施。中央人民政府在实施薪酬管制的同时，加强了对经理人在职消费披露的管理，一定程度上依靠市场监督约束了经理人的行为，保护了中小股东的利益。地方人民政府与国有企业经理人的合谋关系，使得地方人民政府领导人担心因薪酬管制而造成经理人激励不足或实施减少收益的盈余管理。因此，一方面地方人民政府通过对国有企业经理人实施薪酬管制缓解政治压力、安抚社会群众；另一方面又有意识地放宽了经理人的信息租金，对经理人减少在职消费披露的行为采取漠视态度，使得国有企业经理人的在职消费状况游离于社会监督之外，存在"显性收入损失"由"隐性收入弥补"的可能性，违背薪酬管制的初衷。

6　薪酬管制对审计师选择的影响

6.1　问题的提出

在第五章的研究中，笔者发现，薪酬管制下的地方国有企业倾向于减少在职消费，从而游离于社会监督之外。这一结论的合理推论是，经理人减少社会监督的目的是从在职消费中获得更多的收益，增大企业的代理成本。通常意义上认为当企业潜在的代理成本更为严重时，会遭受更多的"非标"审计意见。因此，在本章的研究中，笔者关注薪酬管制与审计意见之间的相互关系，从而证实薪酬管制是否产生了更大的代理成本。

在上述问题的基础上，笔者进一步关注，如果薪酬管制导致了更大的代理成本，那么国有企业经理人应通过何种方式来缓解这一代理成本？在中央与地方国有企业层次，表现方式有何不同？

在代理理论中，独立审计是缓解所有者与经理人之间信息不对称状况、降低代理成本的有效机制。大量的研究指出，不同规模和声誉的事务所审计质量不同，所产生的信息传递机制也有较大的差异。因此，在本章中，笔者将经理人缓解代理成本的机制具体化为选择何种审计师事务所，向投资者传递相关有效信息。

本章研究的贡献是：

（1）以往的研究探讨代理成本对审计师选择的影响局限于探讨公司治理结构等静态治理要素与审计师选择的关系[①]。与此不同，笔者认为公司治理结构等静态要素只是为代理成本的增加提供了一种可能性或必要条件，并不是导致代理成本增加的直接诱因和充分条件。本章中笔者将基于薪酬管制这一政策展开研究，是对直接诱因从动态执行效果展开的分析。

（2）国外企业的所有权性质相对较为单一，且所有者均符合自利性的经济人这一假设，因此审计师选择降低代理成本的对象是清晰的，即降低与所有投资者之间的代理成本。但是在我国，企业的所有权性质相对复杂，正如本书3、4、5章所指出，政府领导人与普通投资者期望的经理人行为方式明显不同。就降低代理成本而言，对于经理人究竟降低与谁之间的代理成本，现有研究未曾清晰回答，只是笼统地认为降低与所有投资者之间的代理成本。这就导致了过于将问题简单化，对不同所有权性质上市公司选择审计师类型的动机分析不足，也使得国外的某些研究结论很难解释我国的审计师选择行为。因此，在本章的研究中，笔者对中央与地方国有企业两个层次经理人面临代理成本增加时的不同审计师选择动机进行了分别论述。

---

① 例如：管理者持股比例、财务杠杆、公司规模、会计数据等与代理成本有关的公司特征与选择"四大"或"十大"会计师的关系。

6.2　文献综述

6.2.1　降低代理成本的审计需求

当所有者与经理人之间的信息不对称，经理人可能损害所有者利益时，理性预期的资本市场将会发挥其价格保护机制，所有者会将经理人行为导致的企业价值下降部分强加给经理人，调低愿意支付的投资价格。经理人为避免投资者进行预期价格的调整，一方面通过提供财务报告及自愿性披露增强信息的透明度，另一方面会自愿接受投资者及外部独立第三方如审计师、独立董事等的监督。其中作为独立第三方监督人的审计师的品质优劣，成为所有者是否愿意信任经理人忠实履行职责的关键。

特别是当企业代理问题严重时，所有者迫切地需要审计师提供高质量的鉴证保证。代理人也在此时倾向于聘请高质量的审计师以向委托人解除自己的受托责任。由于审计质量蕴含着审计师发现并报告会计系统的违规性行为的可能性（Deangelo，1981），作为一种第三方的鉴证服务，一般情况下，难以对其质量做出直接评价。因此，在研究中通常采用审计师规模（Deangelo，1981）、审计师品牌（Defond，1992）、审计师的行业专业性（Abbott，2000）进行替代性的衡量。但任何一方面的度量都只是对审计质量提供一种侧面可能性的替代描述，即便是审计师最为关注的声誉机制比如"排名"情况，对"四大"能否带来更高质量的审计服务，目前仍处于争论之中。

在代理成本的定量描述方面，研究者由于无法对代理成本本身进行准确度量，也只能通过股权结构、治理结构等可能增大代理成本的环境要素进行间接度量。因此，现行研究代理成本与审计师选择的问题多数体现在公司规模、成长性、财务杠杆、所有权集中度、应计项目、董事会结构等要素与审计师规模、审计师品牌和审计师专业性之间的关系上。

例如：Jensen、Meckling（1976）认为规模越大的企业，其监督功能越昂贵、越困难，企业潜在的代理成本也越大，越倾向于选择大的事务所。Dopuch、Simunic（1982）发现大公司更容易选择更大更有名的事务所。Menon、Williams（1991）也指出聘请著名承销商的 IPO 公司通常也聘请大事务所审计。

Eichenser 等（1989）探讨了公司发展前景与审计师选择的关系。他们认为高成长性的企业一般而言属于高科技等新兴行业，在该类行业中，需要经理人具有更高的管理才能和更为灵活的管理授权。由于权限的扩大，可能增大经理人的谋取私人收益的范围，代理成本随之而增大，可能需要聘请更高质量的会计师事务所对其进行监督控制。他们还发现那些将审计师事务所从非八大变更为八大事务所的上市公司总资产增长率明显高于从"八大"变更为"非八大"的上市公司。但 Menon、Wiliams（1991）却没有发现 IPO 公司成长性与审计师变更之间的直接关系。

Palmrose（1984）、Eichenseher 和 Shields（1986）、Firth 和 Smith（1992）认为债务比例越高时，债务的违约风险也越大，所有者越有动力从债权人处获取财富转移效应。相应地，债权人会预知这一情况，从而提高债务融资成本或停止借贷，所有者不得不通过聘请高质量审计师来缓解这一代理成本。在随后一系列的研究中都发现了这一结论——公司财务杠杆与著名会计师事务所之间的选择概率存在正向联系。

Becker（1998）、Defond（1992）发现应计项目的增多意味着管理层存在更多的盈余操纵机会。代理成本相应会越高，越需要进行监督。非"六大"客户报告的操纵性的应计项目的代理成本显著高于"六大"客户报告的项目的代理成本。

6.2.2 政府干预下的审计师选择

近年来，基于我国制度背景探讨代理成本与审计师选择的关系的研究获得了大量与国外不同的研究结论。例如：娄权（2006）以 2002 年的深市公司为样本，发现第一大持股比例越高，越不会聘请"四大"会计师事务所；周中胜、陈汉文（2006）也发现大股东对上市公司的资金占用越严重，上市公司越没有动机选择高质量的审计师；翟华云（2007）、李明辉（2008）均发现独立董事的持股比例不会对审计师选择造成影响。总体上看，我国的研究表明，我国国有上市公司的选择不在于缓解代理成本，相反在于掩盖事实真相。

大量研究者对此的解释是我国转轨制的制度背景造成了研究结论的差异。夏立军（2005）的研究更是一针见血地指出，在地方人民政府的干预下，地方国有企业在代理成本高昂时更倾向于选择当地的小事务所，以便通过政府对事务所施加压力，出具经加工以后的"标准"审计意见。

综合各位研究者的成果，笔者认为政府干预是我国上市公司审计师选择的特殊因素。除开公司 IPO 定价和增发配股，由于地方人民政府实际持有绝大部分的股份，且国有股转让频率较低，股价的变动很难使上市公司的经理人受到实质性的损失。地方人民政府判断所属国有企业经理人是否称职不完全是从股价变动方面进行考虑。政治上是否合格、能否较好地完成上级分配的指标，才是影响经理人职位稳定的关键因素。因此，自由资本市场的敌意接管，中小股东的"用脚投票"机制均无法发挥其应有效率，造成了市场应有功能的缺失①。正如朱红军等（2004）在探讨我国转轨过程中资本市场的审计需求时指出，上市公司选择事务所的动机主要是为了政府管制的需要，顺利获得发行股票的资格，而非向投资者真实地传递企业的经营情况。相反，高质量的审计可能揭示出上市国有企业的潜在违法、违规问题，受到来自于社会大众、中央人民政府、司法机关的广泛关注，并影响企业的价值。相比较而言，地方国有企业更宁愿承担因选择低质量审计师而带来的代理成本。

6.3　理论基础与研究假设

1. 薪酬管制对代理成本和审计意见的影响

薪酬管制扭曲了国有企业经理人的正常激励机制。当缺乏其他配套监督机制时，会导致经理人放弃显性的薪酬激励，转而追求隐性的在职消费（陈冬华，2005）、过度投资（辛清泉，2007）、政治晋升等不需要进行强制性披露的自我激励机制。从维护社会公平公正的角度，中央人民政府充当了公正监督人的角色，对于经理人由于激励扭曲导致的其他代理行为通过内部审计监督等措施，实施了必要的限制，将代理成本控制在可约束的范围之内。而在地方国有企业层次，国有企业领导人与地方人民政府领导人形成的政治联盟决定了必须为国有企业领导人预留足够的信息租金，否则将降低经理人工作的积极性（如第三章中提到的减少利润的盈余管理）。地方人民政府出于社会公平偏好对经理人实施薪酬管制，实质是将社会层

---

① 陈晓、王鑫（2001）和陈梅花（2002）的研究结论中，上市公司年报非标准审计意见的披露并没有显著的负面反应。

面的问题强加到企业层面予以解决（钱颖一，2008）。一方面在政府干预下经理人公开薪酬的代理成本确实降低了，另一方面这也暗含了政府对经理人在国有企业内部代理问题上的妥协，地方人民政府可以通过额外的信息渠道获取企业内部的真实代理问题，而审计师的审计报告在更大程度上被视为向社会中小投资者和相关利益者解除受托责任的方法。要想国有企业经理人得到额外的隐性补偿，必须将社会的公开监督机制控制在狭小的范围内（例如：减少对经理人自愿性披露的监控，少选择优秀的审计师），否则将引发更大的社会舆论压力。当缺乏来自中小股东的监督时，企业的代理成本也就更高。一般而言，当企业潜在代理成本越高时，会计信息的处理和披露方面越容易存在隐患；年报审计中，审计师更易出具"非标"意见[①]。因此，笔者提出假设一：

H1：存在薪酬管制的企业的潜在代理问题越严重，越容易得到"非标"意见。其中，中央国有企业受到的影响较小，而地方国有企业在薪酬管制下得到"非标"意见的概率更高。

2. 薪酬管制对于审计师选择的影响

结合假设一的推导，薪酬管制可能增大企业内部的代理成本，上市公司经理人倾向于通过对审计师的选择减轻代理成本还是掩盖事实真相，取决于其从审计师选择中获取的预期收益。

对于中央国有企业的领导人而言，中央人民政府在 2006 年 8 月出台的《党政领导干部交流工作规定》进一步明确了其晋升的路径。其中规定：实行党政机关与国有企事业单位之间的干部交流，选调国有企事业单位领

---

① 尽管夏立军（2005）的研究指出，地方审计师事务所由于受到政府的干预可能修改审计意见，但是事务所出于自身风险的考虑，会在风险控制与政府压力之间进行权衡，达到二者的均衡。因此，总体看来，代理问题更严重的企业遭受"非标"意见的可能性更大。此外，如果在政府干预下，仍然能发现这一现象，说明研究结论更具有稳健性。

导人才到党政机关任职，"商而优则仕"的趋势在中央国有企业愈发明显①。从名义收入来看，政府官员的收入远低于大型国有企业领导人的收入。中央国有企业领导愿意向党政干部进行调动，说明薪酬已经不再是主导其行为的因素。相反在薪酬管制这场政治测试中，愈是能够经受住考验，越是行为清白，越能够被委以众任，因此中央国有企业经理人有动机选择好的审计师表明其良好声誉。与此同时，中央人民政府也对其所属国有企业实施了严格的监督，并通过审计署等对国有企业的潜在代理问题进行频繁检查。随着整改的动态优化过程，聘请高质量的审计师不会导致过多问题曝光，改革的成本也不会过高。

对于地方国有企业领导人而言，维护国有企业经理人的既得利益和将改革成本维持在较低水平是国有企业选择审计师时必须考虑的重要因素。社会审计所揭露出的经理人的潜在问题，不仅会导致地方人民政府失去"政治帮手"，还可能由于经理人代理问题的曝光，增加作为监管人的地方领导人的"政治污点"。因此，地方人民政府领导人会在地方国有企业代理成本高昂时，容忍其选择低质量的审计师事务所。笔者在此基础上，提出假设二：

H2：薪酬管制越严重的中央国有企业越倾向于选择"十大"会计师事务所来降低其潜在的代理成本，向社会传递良好信息；薪酬管制越严重的地方国有企业越倾向于选择"非十大"的会计师事务所，以规避社会监督。

---

① 在中共十七届中委和中纪委中，来自大型国企的中央委员、候补委员、中纪委委员多达二十六人，遍及石油石化、铁路、金融、电信、钢铁、军工、造船等领域。

6.4　样本选择

已有的研究指出，上市公司大股东并非一味地支持或损害中小股东的利益，存在"相机治理"的原则，即将"掏空之手"与"协助之手"并用。特别是在采用 IPO 和配股方式之时，为降低融资成本或获得更高的溢价率，上市公司会临时增加信息的透明度，降低代理成本（惠晓峰 等，2006；王华 等，2005）。而当缺乏融资需求或约束时，大股东则可能损害上市公司和中小股东的利益。因此，为避免两种效应相混合所产生的结果不稳定性，在样本选择时，笔者仍然采用了第三、四、五章的样本，在样本选择时，已经排除了三年内有 IPO 和融资需求的上市公司。在事务所排名方面，本章采用了中国注册会计师协会每年依据《会计师事务所综合评价办法（试行）》公开发布的"百强事务所"排名。

6.5　模型设定及变量描述

6.5.1　高质量审计师的定义

在本书研究的过程中，笔者借鉴了大多数研究中的依据公开发布的事务所排名来定义高质量审计师的方法（夏立军，2005；王鹏 等，2006；吴水澎 等，2008）。将上市公司选择排名前十位的审计师事务所定义为上市公司选择了高质量的审计师，变量值 $Audit_{it}$ 取值为 1，否则取值为 0。在分类标准上，依据中国注册会计师协会每年公开发布的"会计师事务所全国百家信息"，其具体评分细则为加权综合年业务收入、注册会计师人数、收入增长率、分所收入、审计收入、资产评估收入等各类关键性指标。其中 2005 年的前十大会计师事务所为：普华永道中天、毕马威华振、德勤华永、安永华明、上海立信长江、信永中和、中审、岳华、中瑞华恒信、北京京都。2006 年和 2007 年由万隆替代了北京京都成为"前十大"，其他保持不变。

6.5.2 模型设定

1. 对假设一的检验

模型（6-1）和模型（6-2）的变量名称及定义见表 6-1。

$$Opinion_{it} = \alpha_0 + \alpha_1 Regulation_{it} + \alpha_2 Size_{it} + \alpha_3 Debt_{it} + \alpha_4 Accrual_{it} +$$
$$\alpha_5 Inventory_{it} + \alpha_6 Z + \alpha_7 Director_{it} + \alpha_8 Z_{it} + \alpha_9 Year_{2006} +$$
$$\alpha_{10} Year_{2007} + \alpha_{11} \sum Indu_{it} + \varepsilon_{it} \qquad (6-1)$$

$$Opinion_{it} = \alpha_0 + \alpha_1 Regulation_{it} \times Coe + \alpha_2 Regulation_{it} \times Loe + \alpha_3 Coe +$$
$$\alpha_4 Loe + \alpha_5 Size_{it} + \alpha_6 Debt_{it} + \alpha_7 Accrual_{it} + \alpha_8 Inventory_{it} +$$
$$\alpha_9 Z_{it} + \alpha_{10} Director_{it} + \alpha_{11} Year_{2006} + \alpha_{12} Year_{2007} +$$
$$\alpha_{13} \sum Indu_{it} + \varepsilon_{it} \qquad (6-2)$$

表 6-1   变量名称及定义

变量名称	变量定义
因变量	

表6-1(续)

变量名称	变量定义
$Opinion_{it}$	第 i 个公司第 t 个的审计意见，其中当审计师出具标准无保留意见时取值为 0，当审计师出具非标准审计意见时取值为 1。其中非标准审计意见包括：无保留意见加说明段①、保留意见、否定意见和拒绝表示意见
自变量	
$Regulation_{it}$	第 i 个公司第 t 个的经理人薪酬管制程度，详细定义见 3.4 节
$Size_{it}$	第 i 个公司第 t 个年末的公司规模，用第 t 个销售收入的自然对数表示
Roe_{it}	第 i 个公司第 t 个的净资产收益率，代表公司的盈利水平
$Director_{it}$	第 i 个公司第 t 个的外部董事比例，以独立董事占董事会总人数的比例表示
$Accrual_{it}$	第 i 个公司第 t 个年末应收账款与资产总额的比值
$Inventory_{it}$	第 i 个公司第 t 个年末存货与资产总额的比值
Z_{it}	第 i 个公司第 t 个年末第一大股东持股比例与第二大股东持股比例的比值
Coe_{it}	第 i 个公司第 t 个是否为中央国有企业的虚拟变量，如果是，取 1，否则取 0
Loe_{it}	第 i 个公司第 t 个是否为地方国有企业的虚拟变量，如果是，取 1，否则取 0
$Year_{2006}$	年度控制变量，如果为 2006 年，取值为 1，否则为 0
$Year_{2007}$	年度控制变量，如果为 2007 年，取值为 1，否则为 0
$Indu_{it}$	行业控制变量

针对假设一的检验，笔者首先在模型（6-1）中综合考察薪酬管制对审计意见的影响，自变量采用本书对薪酬管制程度的定义，因变量采用了

---

① 关于无保留意见加说明段是否应当被视为非标准审计意见，Chen、Su、Zhao（2000）以及李爽、吴溪（2002）认为带说明段的无保留意见通常是上市公司与事务所谈判的结果，目的是避免丢失客户。因此，从本质来说，带说明段的无保留意见很可能是经过"粉饰"以后的标准意见，其本质上与无保留意见之间存在差异。在中国证监会 2001 年 2 月颁布的《上市公司发行新股管理办法》和《亏损上市公司暂停上市和终止上市实施办法》均将无保留意见加说明段、保留意见、无法发表意见和否定意见统归为"非标准审计意见"以进行特别的监管考虑。

代表是否为"非标"意见的离散变量 $Opinion_{it}$ 。为了控制其他因素的影响，笔者主要借鉴了 Defond、Wong、Li（1999）和夏立军（2005）的做法，在本书中引入了公司规模、负债比例、赢利能力、存货因素、应计因素、年度效应、行业效应进行控制。考虑到公司治理因素可能成为影响代理成本的因素，从而影响审计意见，笔者额外引入了持股比例（第一大东股持股比例与第二大股东持股比例相比较的 Z 值）和独立董事比例。由于 $Opinion_{it}$ 为离散型二元变量，在回归模型上采用了 Logit 回归模型。

为了详细考察经理人薪酬管制是否对中央国有企业与地方国有企业造成了不同的审计意见影响，笔者在模型（6-2）中引入了所有权性质与薪酬管制程度的交互项，中央国有企业薪酬管制与地方国有企业薪酬管制分别为 $Regulation_{it} \times Coe$ 和 $Regulation_{it} \times Loe$ 。

2. 对假设二的检验

$$
\begin{aligned}
BigTen_{it} = {} & \alpha_0 + \alpha_1 Regulation_{it} + \alpha_2 Size_{it} + \alpha_3 Debt_{it} + \alpha_4 Accrual_{it} + \\
& \alpha_5 Inventory_{it} + \alpha_6 Z_{it} + \alpha_7 Roe_{it} + \alpha_8 Director_{it} + \alpha_9 Year_{2006} + \\
& \alpha_{10} Year_{2007} + \alpha_{11} Indu_{it} + \varepsilon_{it} \quad\quad (6\text{-}3)
\end{aligned}
$$

$$
\begin{aligned}
BigTen_{it} = {} & \alpha_0 + \alpha_1 Regulation_{it} \times Coe + \alpha_2 Regulation_{it} \times Loe + \alpha_3 Coe + \\
& \alpha_4 Loe + \alpha_5 Size_{it} + \alpha_6 Debt_{it} + \alpha_7 Accrual_{it} + \alpha_8 Inventory_{it} + \\
& \alpha_9 Z_{it} + \alpha_{10} Roe_{it} + \alpha_{11} Director_{it} + \alpha_{12} Year_{2006} + \alpha_{13} Year_{2007} + \\
& \alpha_{14} Indu_{it} + \varepsilon_{it} \quad\quad (6\text{-}4)
\end{aligned}
$$

在假设二的检验中，笔者将是否选择前十大会计师事务所（ $BigTen_{it}$ ）作为因变量。在自变量的选择上，与假设一的检验相类似，分别考察了在薪酬管制下，不控制所有权性质和控制所有权性质的不同研究结果。在控制变量的选取上，周玲珊（2008）系统地研究了影响审计师选择的因素，分别从公司规模、存货比例、负债比例、应收账款比例、赢利能力等方面进行控制，这与假设一选取的控制变量相一致。在回归模型上，由于 $BigTen_{it}$ 也是离散变量，所以仍然采用了 Logit 回归模型。

6.6　实证分析结果

6.6.1　描述性统计结果

审计意见与审计师选择在薪酬管制背景下的描述性统计如表 6-2 所示。在统计检验的方法上，笔者采用了单尾检验。具体而言，在探讨获取"非标"意见的概率时，笔者检验受管制的企业获取"非标"意见的概率是否超过非管制企业；在探讨选择十大会计师事务所时，检验受管制企业选择十大会计师事务所的概率是否超过非管制企业，在 5% 的显著性水平上，P 值若小于 5%，则说明受管制的企业与未受管制的企业之间存在差异。

表 6-2　审计意见与审计师选择在薪酬管制背景下的描述性统计

	受管制	未受管制	总体比例差异假设检验的 P 值
遭受"非标"意见的概率			
中央国有企业	9/339	5/205	0.43
地方国有企业	28/896	10/566	0.05 **
非国有企业	29/498	10/340	0.026 **
选择十大会计师事务所的概率			
中央国有企业	130/339	52/205	0.001 2 ***
地方国有企业	189/896	80/566	0.012 6 **
非国有企业	65/498	58/340	0.948 7

针对中央国有企业在管制与非管制两种情况下遭受"非标"意见的总体比例差异检验，发现受管制与未受管制的同类企业没有明显差距，而地方国有企业的这一差异检验则较为显著，初步证实了假设一的结论。

对于是否选择"十大"会计师事务所，数据显示中央国有企业在受到薪酬管制时，比未受管制的企业更倾向于选择"十大"会计师事务所，这与假设二相一致。但意料之外的是，地方国有企业受到薪酬管制时，也更倾向于选择"十大"会计师事务所，但显著性低于中央国有企业。考虑到影响审计意见和审计师选择的因素的多样化，仅通过是否受到管制的分组测试，尚不足以完全说明问题，为了进一步控制其他要素，笔者进行了回归分析。

6.6.2 回归分析结果

1. 薪酬管制对审计意见的影响

薪酬管制对审计意见的影响如表6-3所示。回归结果显示，在模型（6-1）中 $Regulation_{it}$ 的值为正，且在5%的水平下显著，说明当不考虑企业性质时，一般情况下，薪酬管制越严重，越有可能导致经理人寻求其他的"非正常"自我激励方式。这一系列的违规违法行为可能致经理人对会计信息进行人为"粉饰"和"变通"处理，审计师出具"非标"意见的概率随之提高。这也证实了笔者的猜想，说明代理成本在薪酬管制下，非但未能得到降低，反而诱发了经理人对会计信息的造假。

模型（6-2）显示当引入管制程度与所有权性质的交互项控制不同类型的国有企业薪酬管制后，$Regulation_{it} \times Loe$ 系数为正，且在5%的水平下显著；$Regulation_{it} \times Coe$ 的系数为负，且不再显著。这说明薪酬管制对于不同性质企业的代理成本和审计质量的影响不一致，薪酬管制主要引发了地方国有企业经理人的会计造假，而对中央国有企业影响不大。

表 6-3 薪酬管制对审计意见的影响

变量	模型（6-1）	模型（6-2）
α_0	-2.941 261 （2.394 448）	-3.438 539 （2.414 292）
$Regulation_{it}$	0.011 076 5** （0.005 494 6）	
$Regulation_{it} \times Coe$		-0.006 909 9 （0.012 299 9）
$Regulation_{it} \times Loe$		0.018 024 4** （0.008 141 8）
$Size_{it}$	-0.077 819 （0.103 416 8）	-0.019 852 （0.106 537 3）
$Debt_{it}$	0.773 194 9 （0.702 180 6）	0.666 157 7 （0.704 836 2）
$Accrual_{it}$	4.482 106*** （0.993 866 8）	4.393 58*** （1.030 72）
$Inventory_{it}$	-3.267 815*** （1.118 307）	-3.269 719*** （1.113 552）
Z_{it}	0.001 630 2 （0.001 552 8）	0.002 082 5 （0.001 555）
Roe_{it}	-2.429 624*** （0.626 780 3）	-2.530 553*** （0.634 483 2）
$Director_{it}$	0.231 165 4 （2.473 64）	-0.219 722 （2.527 061）
Coe		-0.558 822 （0.351 292 8）
Loe		-0.559 988 3** （0.277 911 9）
$Indu_{it}$	控制	控制
$Year_{2006}$	控制	控制
$Year_{2007}$	控制	控制

注：表 6-3 中回归系数一栏中括号内的内容为 Robust 估计的稳健方差，*** 代表在 1% 的水平下显著，** 代表在 5% 的水平下显著，* 代表在 10% 的水平下显著

2. 薪酬管制对审计师选择的影响

薪酬管制下的审计师选择如表6-4所示。

表6-4 薪酬管制下的审计师选择

变量	模型（6-4）	模型（6-5）
α_0	-12.536 48 *** (1.019 105)	
$Regulation_{it}$	-0.001 78 (0.001 557 9)	
$Regulation_{it} \times Coe$		0.009 361 8 ** (0.004 064 6)
$Regulation_{it} \times Loe$		-0.000 383 1 (0.002 499)
$Size_{it}$	0.545 174 4 *** (0.043 720 6)	0.508 505 6 *** (0.045 626 8)
$Debt_{it}$	-0.720 832 6 ** (0.298 511 7)	-0.645 999 5 ** (0.302 374 5)
$Accrual_{it}$	0.588 459 4 (0.567 698 9)	0.387 463 8 (0.574 772 4)
$Inventory_{it}$	-1.550 639 *** (0.455 136 5)	-1.562 85 *** (0.462 909 8)
Z_{it}	-0.000 943 5 (0.000 919 7)	-0.000 645 6 (0.000 933)
Roe_{it}	-0.201 712 3 (0.311 509 9)	-0.236 575 5 (0.313 103)
$Director_{it}$	0.620 137 7 (1.097 837)	1.108 815 (1.131 501)
Coe		
Loe		
$Indu_{it}$	控制	控制
$Year_{2006}$	控制	控制
$Year_{2007}$	控制	控制

注：表6-4中回归系数一栏中括号内的内容为Robust估计的稳健方差，*** 代表在1%的水平下显著，** 代表在5%的水平下显著，* 代表在10%的水平下显著

假设二在模型（6-3）中的结果显示：$Regulation_{it}$ 的值不显著，且符号为负，说明我国上市公司在总体上并未有效利用审计师来降低代理成本，缺乏对高质量审计的需求。在一定程度上，上市公司的代理问题越严重反而越倾向于选择小事务所来掩盖事实真相。

模型（6-4）的回归结果，使结论更加清晰。当引入所有权性质与薪酬管制的交互项以后，笔者发现并非所有企业都忽视降低代理成本。模型（6-4）中 $Regulation_{it} \times Coe$ 的系数为正，且在5%的水平下显著，说明中央国有企业在薪酬管制下，表现出与地方国有企业不同的审计需求，更倾向于选择"十大"会计师事务所。而代表地方国有企业薪酬管制的 $Regulation_{it} \times Loe$ 不仅不显著，且系数仍然为负，说明地方人民政府纵容了经理人通过选择小事务所来谋求私人收益的这一行为。

6.7　研究结论

在本章的研究中，笔者证实薪酬管制增大了企业的代理成本，增加了企业获得"非标"意见的概率。具体而言，薪酬管制对于地方国有企业会计信息总体质量的影响较中央国有企业更为严重。

当因薪酬管制而增大代理成本时，国有企业是否通过选择高质量的审计师来降低代理成本，这一点在中央与地方层次存在差异性。其中中央国有企业薪酬管制越严重，越有可能选择高质量的审计师来降低潜在的代理成本，向社会传递其"良好声誉"；而地方国有企业正好相反，在薪酬管制下缺乏对高质量审计的需求，当代理问题越严重时，越倾向于选择差的审计师避免潜在问题的曝光。

　　本章的这一结论不仅与国外经典代理理论中代理成本与高质量审计师需求呈正相关的结论不同，也与之前国内大量研究（孙铮 等，2004）一概而论地认为国有控股上市公司缺乏高质量审计需求不同，笔者发现并非所有国有股均造成了监管的低效率，中央国有股的大股东能够公正地承担起其监督责任，切实保护中小股东的利益。造成部分国有股低效率的主要原因是地方人民政府领导人的私人目标与社会公共目标的偏离，造成了委托人的"卸责"，当委托人本身不能承担其应有的责任时，再完善的公司治理结构也只能是一种表面形式，而丧失了其存在的实际意义，同时影响了其功能的正常发挥。

7　全书总结

7.1　研究结论及政策建议

7.1.1　研究结论

金融风暴祸及全球，许多国家、机构和个人投资者的财富血本无归。高管们的贪婪和他们过高的薪酬所引发的一系列的代理问题，已成为此次金融危机的众矢之的。什么样的薪酬是最为合适的薪酬、如何限制经理人的过高薪酬，成为美国这样一个长期信奉自由主义经济、依靠经理人市场自发决定高管薪酬的国家面临的最为严峻的公司治理问题，政府在限与不限之间陷入两难境地。

众所周知，政府与市场的关系是实施市场经济的国家中长期争论不休的问题。由政府直接限制高管的薪酬是最容易的方法，也是最能够在短时间内发挥效率、恢复中小投资者信心的干预措施。但是，由政府直接对经理人的薪酬实施限制，很难设计出适用于所有企业的整齐划一的标准。即使能够做到这一点，相关政策也会随着经济环境的变化和企业的发展而逐渐失灵，政府很难及时对制定的标准做出调整，当初可能适合的标准也会逐渐丧失其适用性，造成政策的刚性，减弱对经理人的激励效应。在这一过程中，经理人市场会随着政府的干预，逐渐降低在资源配置中的基础性作用，走向萎缩。

在我国，政府对经理人的薪酬管制经历了多次的反复与调整。政府设定经理人薪酬最高限额的初衷是为了减少社会改革成本，缩小社会贫富差距，缓解社会矛盾，保护中小投资者的利益。从社会公平的角度来看，国有企业部分经理人与业绩不相符的过高薪酬确实应当被干预，这不仅是一个经济问题，还是一个社会问题。但经理人的薪酬究竟应当由谁来进行干预、采取什么样的方式干预，则是一个非常值得深思的问题，不应该将问题简单化，通过"一刀切"的方法粗暴地解决。

本书的研究结论提示读者，由政府限薪可能导致两种结果。第一，国有企业经理人名义上的收入减少了，却需要付出更大的改革代价。这体现为：中央国有企业对经理的激励减弱，降低其工作积极性，在经理人的任期内形成预算松弛和盈余平滑的现象；地方国有企业的经理人减弱控制权收益的自愿披露，选择更差的审计师事务所以避免社会舆论的监督，由"阳光工资"转为"隐性腐败"。第二，政府必须为弥补上述问题，实施更多的配套措施和管制行为，从而造成政府干预的膨胀和市场配置作用的萎缩，对我国经济的长期发展不利。

回顾国有企业的改革历程，应该说部分经理人过高的薪酬并非改革本身造成的。相反，在大幅度提高经理人收入，实行年薪制、股权激励等一系列具有激励效应的薪酬制度以后，国有企业的经营绩效和核心竞争力有了大幅度提高。国有企业高管的过高薪酬问题，关键还是在于制度性缺陷和改革的不到位。如果不能化解这类深层次的问题，紧盯"过高薪酬"不放，那么无论是否管制经理人薪酬，都难以达到其初衷。

7.1.2 政策建议

结合实证结论，对经理人过高薪酬的监管应当采取标本兼治的措施。为应对社会的强烈反响而实施短期干预政策时，必须要有相应的配套措施予以辅助，综合治理，打出政策的"组合拳"。从长期治理政策来看，解决过高薪酬问题需要从制度层面对现有改革缺陷予以完善。因此，本书的政策建议包含两个层面。

1. 短期薪酬管制政策的配套措施

（1）注重国有企业经理人薪酬的综合治理机制，统筹考虑，防范将问题简单化的趋势。当我国国有企业公司治理结构不完善，内部控制人控制严重时，贸然实施薪酬管制容易产生激励不足和激励异化的问题，引发新的代理问题。政策制定者不仅要看政策的眼前效果，更要关注政策的连锁反应。因此，在实施薪酬管制时，政策制定者必须充分考虑为解决新的代理问题而出台的配套措施的可行性和执行成本，平衡各项收益与成本，防止在治理国有企业腐败问题中，出现关闭了一扇腐败大门的同时又打开了另一扇腐败之门的现象。

（2）谨慎选择薪酬管制方式，注重不同管制方式可能产生的经济后果。为限制国有企业高管的过高薪酬而采取的具体管制措施和手段可多样化（例如：既可以通过管制边际收入进行限制，也可以限制最高收入额）。第四章的研究证实，不同管制方式的选择可能有不同的激励效应和会计后果。当国有企业退出成本过高时，经理人总是在现有约束条件下追求利益的最大化。管制经理人薪酬的边际收益将激励经理人付出更多的努力和贡献来获取总收益的最大化，这比设置最高薪酬限额来约束经理人最大的努力程度更优越。笔者建议对国有企业经理人薪酬的暂时管制应通过限制其贡献的边际收入来实现，而不宜通过设置薪酬的最高限额来实现。

（3）对于中央企业而言，实施薪酬管制时，应进一步强化对会计数据的合法合规性监督，将会计监督的重点放在对蓄意少报盈余的监督上。第四章证实，在薪酬管制下，国有企业存在"藏利"的行为，对此行为，目前会计法规缺乏明确的规定。因此，监管者应当改变传统意义上"少报盈余是执行会计谨慎性原则的结果，是高质量会计信息的代言词"这一错误认识，在必要的谨慎性原则与人为蓄意降低会计利润之间做出合理划分，防止会计信息中人为的"过度稳健"导致的会计信息质量的降低。相关部门应出台相关的法规，明确经理人少报会计盈余的法律责任，防止其盈余管理中的"擦边球"现象。

（4）对地方国有企业而言，管制经理人薪酬的同时必须强制要求经理人披露在职消费状况，并通过法律手段予以保证。第五章研究指出地方国有企业经理人在受到薪酬管制时，有显著减少在职消费信息披露、规避社会公众监督的行为。过去在探讨经理人在职消费的治理机制时，多数简单地将加强各级政府监管作为其对策。但本书的研究证实，薪酬管制政策不能从根本上改变地方人民政府与所属国有企业的同盟关系，这一关系容易导致其放弃"公正守夜人"的角色。当政府难以发挥其作为行政监管者和大股东应有的双重监督机制，且市场出现人为信息垄断时，由会计准则或相关法律进行强制性信息披露已成为解决市场失灵的最为重要的手段。因此，对在职消费的信息披露，应通过正式立法对其数量和质量的最低要求进行明确规定。中央人民政府应对政策的执行力度进行监管。总体上，在职消费相关信息的披露应是由强制性信息披露和经理人自愿披露共同构成的信息披露组合。

（5）积极发挥社会中介机构和新闻媒体的监督作用，增大经理人信息披露的财产权成本，抑制经理人对在职消费披露中的"修饰性披露"。针对政策建议（3），研究者可能会质疑，经理人掌握有在职消费的私人信息，将此信息由自愿性披露转化为强制性披露时，可能会导致经理人进行虚假披露和"修饰性披露"。在此，笔者认为随着强制性信息披露的增多，加强了社会监督获取信息的来源，随着信息披露数量的增多，投资者也更容易通过不同信息之间的相互关系识破经理人的行为。网络信息渠道的发达和新闻媒体独立性的提高，使得民众对地方国有企业经理人的监督可以在一定程度上减弱地方政府的保护。

（6）推行异地审计师选聘制度。第七章的研究证实了薪酬管制越强，代理成本越严重的地方国有上市公司越倾向于选择小的事务所以便当地政府实施干预。因此为了减少政府的干预，必须将政府对上市公司的管辖权与对会计师事务所的管辖权相分离，即推行上市公司的异地审计师选聘制度，通过减少事务所从地方人民政府获取的审计担保，加大审计风险，增大事务所对政府干预的抗压能力，保持审计师的独立性。

2. 国有企业高管薪酬的长期解决措施

（1）进一步完善国有企业的业绩考核和评价机制，并加强薪酬合约信息披露的透明度。

本书的数据显示，国有企业经理人的薪酬同民营企业相比较，在绝对数额上并无明显差异。一个疑问是，为何社会公众仅反对国有企业的过高薪酬，而对民营企业没有明显反应？

笔者认为关键还是在于国有企业经理人业绩考核和薪酬制定机制的不合理和不透明。不同于民营企业存在直接的委托人和来自于委托人的强有力的监督，在国有企业的层层委托代理制度中，中间层次委托人是否实施了应有的监督机制，有无为代理人所俘获、与代理人共谋，任由其自定过高薪酬损害终极所有者的利益，在民众心中对此是持怀疑态度的。特别是对于部分垄断国有企业，由于缺乏有效机制正确区分经理人的管理贡献与垄断利润收益，将经理人的薪酬贡献与总利润相联系，显然难以让社会公众信服。对经理人薪酬的管制，只能从表面上缓解这种不信任感。

薪酬管制的结果导致了经理人在更大程度上降低了会计信息的透明度，社会公众通过公开财务报告对经理人实施评价的能力进一步下降，对于经理人薪酬的合理性也持更加怀疑的态度。因此，现行问题的根本不在于经理人薪酬的多少，也不在于一味地对最高薪酬实施限制，而在于经理人的薪酬制定的机制是否合理，并为社会公众所了解和认可。笔者建议应当向社会公众披露经理人薪酬制定的过程和薪酬合约的详细内容，增强薪酬合约的信息透明度，依靠社会监督和舆论力量对国有企业经理人薪酬合约的合理性和其执行情况实施监督，并争取社会公众对经理人应得薪酬的理解，发挥市场在资源配置中的基础作用。

（2）强化国有企业管理体制的进一步创新，下一步国企改革的重点应放在地方国有企业层次，特别是完成委托人与代理人利益合谋机制的分离，强化对国有资产委托人的监管。

造成目前经理人市场无法正常发挥配置效率的重要原因是，国有企业的大股东（特别是地方国有企业的大股东）仅是中间层次的委托人。随着分税制改革和管理权限的下放，在提高了国有企业经济活力的同时，地方人民政府与所属国有企业经理人的利益共享和利益合谋模糊了其委托人的职责。本书第五、六章的研究证实，在薪酬管制下，同样的治理机制能够在中央国有企业发挥良好的治理效率，而在地方国有企业则失效，说明并非制度本身的设计有问题，而是政策实施的环境匹配性不足。张春霖（1995）将这一行为归纳为行政干预下的内部人员控制。受此影响，地方国有企业过高的薪酬很大一部分原因是管辖政府采取的漠视态度和"投鼠忌器"的心理。因此，如果不能从根本上解决国有企业管理体制的问题，无论是否管制国有企业的名义薪酬，都难以真正约束经理人的行为。

打破这种合谋机制，一方面需要来源于中央政府的干预，例如在下放经营自主权的同时，并不完全放弃对国有资产的监管权，除了对中央大型国有企业派驻检查组以外，还要考虑对地方国有企业采取类似的措施，可考虑由中央人民政府参股地方国有企业，监督和影响地方人民政府的治理行为；另一方面需要形成多个利益主体权力的制衡机制，股权多元化中的私人股权、外资股权不足以制衡当地政府依靠政治权力对国有企业实施的干预和包庇。因此，需要考虑打破地方国有企业由单一地方人民政府所辖的管理机制，在国有股权转让过程中促进国有股权在不同层次、不同区域的国有股东之间的流通转让，形成多个地方人民政府共同治理、共同制衡的股权结构。

（3）赋予中小股东在公司治理领域的特殊权限。

国有企业中国有股的绝对控股使得大股东通过政治权力与经济权力相互交融影响企业的经营行为。中小股东通过社会舆论对政府管制国有企业经理人的薪酬施压，从另一个角度也可解读为国有中小股东难以通过正常的公司治理模式合理地发表自己的意见，而不得不绕过股东大会，通过政府甚至是中央人民政府来约束企业内部行为。如果此问题无法得到有效解决，将源源不断地出现政府管制国有企业在职消费、管制国有企业审计师选择等类似现象，使得公司治理模式流于形式，事无巨细，均由政府操办。

鉴于我国股权结构的特殊性，不能照搬西方国家"多数股投票原则"，必须赋予中小股东特殊投票权，使其能够发表意见且敢于发表意见。古有唐太宗"防民之口，甚于防川"，今有"防中小股东之口，甚于防川"。企业内部的问题多数不应绕道去找政府来解决，而应通过内部的合理渠道和规范化的制度程序予以解决。

综上所述，正是改革过程中出现的种种问题，以及改革过程中配套机制的不到位，造成了部分国有企业经理人薪酬制度的不合理。改革中出现的问题永远比不改革多（邓小平，1987），但并不能因此否定劳动力市场在经理人薪酬决定机制中的积极作用，而转向行政定价的计划经济时代。邓小平曾提出前进中的问题需要在进一步的改革开放中得到解决，而不是走回头路。我国资本市场正经历从"新兴加转轨"向成熟市场的过渡，正迈入全面发展的时期。一个更加公正、透明、高效的资本市场，将在中国经济构筑自主创新体系的过程中发挥重要作用，成为中国和谐社会建设的重要力量①。在此，笔者借用狄更斯《双城记》开头的一段话作为全文的总结：

"这是最好的时期，也是最坏的时期；这是智慧的时代，也是愚蠢的时代；这是信任的年代，也是怀疑的年代；这是光明的季节，也是黑暗的季节；这是希望的春天，也是失望的冬天；我们的前途无量，同时又感到希望渺茫；我们一齐奔向天堂，我们全都走向另一个方向……"

7.2　本书研究的不足及未来研究方向

本书在写作过程中，尽管笔者在选题、收集数据、统计分析各个方面进行了认真准备，并获得了具有一定创新意义的研究结论。然而由于笔者本身的认知能力和时间、精力所限，在研究过程中仍然存在一定的缺陷，主要体现在以下几个方面：

（1）全书仅从经理人整体的角度考察了薪酬管制对信息透明度的影响，而忽视了经理人个人特质的影响。我国国有企业中最高领导人的行为

① 转引自：中国证监会. 中国资本市场发展报告［M］. 北京：中国金融出版社，2008.

动机往往影响着整个领导团体的行为方式。例如：在年龄方面，青年领导人与老年领导人在政治晋升上的不同前景可能影响他们在薪酬管制下的会计信息选择的动机。在任职期限方面，领导人的长期任职与短期任职对本书的研究结论可能有不同影响。因此，将最高经理人的个人行为动机纳入本书的研究过程中将使得经理人的最终行为成为多种动机博弈下的结果，这样的研究结论也更具有现实意义。

（2）本书对于薪酬管制的度量，很大程度上取决于现有文献中对经理人正常薪酬决定要素的研究。尽管笔者进行了系统的梳理，然而近年来，我国经理人薪酬结构处于一个急剧变化的时期，即使现有研究证实了影响薪酬的关键要素是合理的，在未来较长的一段时间内是否仍然适用，值得怀疑。现有研究中是否还存在未能详尽考虑的要素，这些要素是否会引起本书研究结论的系统性偏差，也是未来值得进一步研究的方向。

（3）本书研究中，笔者仅在普遍意义上考虑了薪酬管制对中央国有企业和地方国有企业两个层次的会计信息透明度的影响，而忽视了不同地区的差异。根据已有的研究（樊纲 等，2006），在市场化程度更高的地区，政府的干预更少，法律保护环境更佳。那么在这种背景下，政府与经理人合谋的机会是否更少，薪酬管制将如何影响市场化程度高的地区和市场化程度低的地区的会计信息透明度，值得进一步研究。

（4）本书缺乏对因薪酬管制而降低的信息透明度的市场反应检验。笔者仅通过国有企业薪酬管制降低了信息透明度这一结论判断薪酬管制可能损害中小投资者的利益。从另一个角度讲，市场有效背景下，当经理人或大股东侵害了中小股东利益时，市场同样会通过折价等方式惩罚这一行为，迫使经理人对其行为进行修正。在本书中，笔者判断，由于国有股的一股独大和国有股的较少转让，市场的自发治理作用可能较为有限，但这一结论缺乏经验证据的支持。在后续研究中，笔者期望通过进一步的证据支持，分析市场的治理效应，特别是在不同国有股持股比例下市场反应的约束作用。

（5）笔者无法避免实证研究的固有缺陷，即主要揭示了问题本身。从长期来看，问题的解决在于国有资产管理体制的进一步改革与完善；但是从短期来看，要在限制部分过高薪酬、安抚社会公众的同时，不降低国有企业的经营效率和破坏国有企业的公司治理结构，这需要将提出的建议纳入一个统一的框架范围内进行综合考虑，提高政策的可行性。

参考文献

[1] 格哈特，瑞纳什. 薪酬管理：理论、证据与战略意义 ［M］. 上海：上海财经大学出版社，2005.

[2] 萨缪尔森，诺德豪斯. 经济学 ［M］. 北京：中国发展出版社，1992.

[3] 陈冬华，陈信元，万华林. 国有企业中的薪酬管制与在职消费 ［J］. 经济研究，2005（2）：92-101.

[4] 陈小悦，肖星，过晓燕. 配股权与上市公司利润操纵 ［J］. 经济研究，2000（1）：30-36.

[5] 陈晓，戴翠玉. A股亏损公司的盈余管理行为与手段研究 ［J］. 中国会计评论，2004（2）：299-310.

[6] 程新生，徐婷婷，王琦，等. 自愿性信息披露与公司治理：董事会功能与大股东行为 ［J］. 武汉大学学报（哲学社会科学版），2008（4）：489-494.

[7] 崔学刚. 公司治理机制对公司透明度的影响：来自中国上市公司的经验证据 ［J］. 会计研究，2004（8）：72-80.

[8] 戴捷敏，孔玉生. 配股公司盈余管理行为分析：来自2001—2005

年沪深两市的经验证据 [J]. 审计与经济研究，2008（1）：71-75.

[9] 杜胜利，翟艳玲. 总经理年度报酬决定因素的实证分析：以我国上市公司为例 [J]. 管理世界，2005（8）：114-120.

[10] 杜兴强，周泽将. 会计信息质量与公司治理：基于中国资本市场的进一步证据 [J]. 财经论丛，2007（3）：71-79.

[11] 杜莹，刘立国. 股权结构与公司治理效率：中国上市公司的实证分析 [J]. 管理世界，2002（11）：124-133.

[12] 冯均科. 现行审计关系的新发现：角色、思维与制度的扭曲 [J]. 当代经济科学，2002（6）：79-84.

[13] 葛家澍，陈少华. 改进企业财务报告问题研究 [M]. 北京：中国财政经济出版社，2006.

[14] 郭复初. 国有资产经营专论：国有资产管理、监督、运营体系研究 [M]. 上海：立信会计出版社，2002.

[15] 郝云宏，王淑贤. 我国国企企业家产生、激励和约束问题的特殊性 [J]. 管理世界，2000（2）：210-211.

[16] 胡勤勤，沈艺峰. 外部独立董事能否提高上市公司的经营业绩 [J]. 世界经济，2002（7）：55-62.

[17] 李明毅，惠晓峰. 投资者理性与上市公司最优信息披露数量决策 [J]. 统计与决策，2006（14）：39-41.

[18] 蒋义宏，魏刚. 主营业务利润、核心盈利能力和公司价值 [J]. 证券市场导报，2001（4）：25-30.

[19] 谌新民，刘善敏. 上市公司经营者报酬结构性差异的实证研究 [J]. 经济研究，2003（8）：55-63.

[20] 雷光勇. 审计合谋与财务报告舞弊：共生与治理 [J]. 管理世界，2004（2）：97-103.

[21] 黎凯, 叶建芳. 财政分权下政府干预对债务融资的影响: 基于转轨经济制度背景的实证分析 [J]. 管理世界, 2007 (8): 23-34.

[22] 李明辉. 代理成本与审计师选择行为研究综述 [J]. 财经理论实践, 2007 (1): 63-69.

[23] 李爽, 吴溪. 审计意见变通及其监管: 经验证据 [J]. 中国会计与财务研究, 2002 (4): 1-57.

[24] 李延喜, 包世泽, 高锐, 等. 薪酬激励、董事会监管与上市公司盈余管理 [J]. 南开管理评论, 2007 (6): 55-61.

[25] 刘斌, 刘星, 李世新, 等. CEO 薪酬与企业业绩互动效应的实证检验 [J]. 会计研究, 2003 (3): 35-39.

[26] 娄权. 股权结构、治理结构与审计师选聘: 基于委托代理理论的实证考察 [J]. 财会通讯 (学术版), 2006 (6): 6-8.

[27] 鲁桂华, 陈晓. "庄" 与会计盈余的价格含义 [J]. 管理世界, 2005 (7): 48-54.

[28] 陆建桥. 中国亏损上市公司盈余管理实证研究 [J]. 会计研究, 1999 (9): 25-35.

[29] 罗宏, 黄文华. 国企分红、在职消费与公司业绩 [J]. 管理世界, 2008 (9): 139-148.

[30] 毛洪涛, 王新. 代理理论、经理层行为与管理会计研究: 基于代理理论的管理会计研究综述 [J]. 会计研究, 2008 (9): 47-54.

[31] 孟延春, 吴伟. 转轨时期的政府管制: 理论、模式与绩效 [M]. 北京: 经济科学出版社, 2008.

[32] 王小鲁, 朱恒鹏. 中国市场化指数 [M]. 北京: 经济科学出版社, 2006.

[33] 彭剑锋, 崔海鹏. 高管薪酬最佳实践标杆 [M]. 北京: 机械工业

出版社, 2009.

[34] 沈艳, 王建峰. 会计信息市场信号传递功能失效分析 [J]. 财会月刊, 2004 (20)：58-59.

[35] 苏启林, 朱文. 上市公司家族控制与企业价值 [J]. 经济研究, 2003 (8)：36-45.

[36] 孙铮, 曹宇. 股权结构与审计需求 [J]. 审计研究, 2004 (3)：7-14.

[37] 汪辉. 上市公司债务融资、公司治理与市场价值 [J]. 经济研究, 2003 (8)：28-35.

[38] 汪炜, 蒋高峰. 信息披露、透明度与资本成本 [J]. 经济研究, 2004 (7)：107-114.

[39] 王华, 张程睿. 两种基本财务会计信息需求与供给的矛盾和协调 [J]. 会计研究, 2005 (9)：3-7.

[40] 王俊豪. 政府管制经济学导论：基本理论及其在政府管制实践中的应用 [M]. 北京：商务印书馆, 2001.

[41] 王克敏, 王志超. 高管控制权、报酬与盈余管理：基于中国上市公司的实证研究 [J]. 管理世界, 2007 (7)：111-117.

[42] 王鹏, 周黎安. 中国上市公司外部审计的选择及其治理效应 [J]. 中国会计评论, 2006 (2)：321-344.

[43] 王雄元, 陈文娜, 顾俊. 会计信息可信度、信息披露管理与资源有效配置 [J]. 中国注册会计师, 2008 (6)：76-78.

[44] 王亚平, 吴联生, 白云霞. 中国上市公司盈余管理的频率与幅度 [J]. 经济研究, 2005 (12)：102-112.

[45] 王艳艳, 陈汉文. 审计质量与会计信息透明度：来自中国上市公司的经验数据 [J]. 会计研究, 2006 (4)：9-15.

[46] 王咏梅. 股利分配政策相关因素与市场反应研究 [J]. 证券市场导报, 2003 (12)：24-28.

[47] 王跃堂. 会计政策选择的经济动机：基于沪深股市的实证研究 [J]. 会计研究, 2000 (12)：31-40.

[48] 比弗. 财务呈报：会计革命 [M]. 大连：东北财经大学出版社, 1998.

[49] 魏刚, 肖泽忠, TRAVLOS N, 等. 独立董事背景与公司经营绩效 [J]. 经济研究, 2007 (3)：92-105.

[50] 魏刚. 高级管理层激励与上市公司经营绩效 [J]. 经济研究, 2000 (3)：32-39.

[51] 魏明海. 会计信息质量经验研究的完善与运用 [J]. 会计研究, 2005 (3)：28-35.

[52] 文炳洲, 虞青松. 薪酬管制、在职消费与控制权收益综述及其引申 [J]. 改革, 2006 (6)：75-81.

[53] 吴联生. 审计意见购买：行为特征与监管策略 [J]. 经济研究, 2005 (7)：66-76.

[54] 吴水澎, 庄莹. 审计师选择与设立审计委员会的自选择问题：来自中国证券市场的经验证据 [J]. 审计研究, 2008 (2)：47-54.

[55] 夏立军, 陈信元, 方轶强. 审计任期与审计独立性：来自中国证券市场的经验证据 [J]. 中国会计与财务研究, 2005 (1)：54-101.

[56] 夏立军, 方轶强. 政府控制、治理环境与公司价值：来自中国证券市场的经验证据 [J]. 经济研究, 2005 (5)：40-51.

[57] 向锐. 财务独立董事与公司经营绩效的关系：基于中国 A 股上市公司的经验证据 [J]. 云南财经大学学报, 2008 (4)：67-76.

[58] 辛清泉, 林斌, 王彦超. 政府控制、经理薪酬与资本投资 [J].

经济研究，2007（8）：110-122.

[59] 许荣宗，唐跃军，张楚皙. 退出成本、经理行为与国有企业改革 [J]. 中国工业经济，2007（8）：106-113.

[60] 杨瑞龙. 国企改革尚未完成 [J]. 北京观察，2008（6）：26-27.

[61] 杨之曙，彭倩. 中国上市公司收益透明度实证研究 [J]. 会计研究，2004（11）：62-70.

[62] 叶康涛，陆正飞，张志华. 独立董事能否抑制大股东的"掏空"？ [J]. 经济研究，2007（4）：101-111.

[63] 于东智，王化成. 独立董事与公司治理：理论、经验与实践 [J]. 会计研究，2003（8）：8-13.

[64] 瞿华云. 审计师选择和审计委员会效率：来自2004年中国上市公司的经验证据 [J]. 经济科学，2007（2）：91-101.

[65] 张程睿，王华. 公司信息透明度：经验研究与未来展望 [J]. 会计研究，2006（12）：54-60.

[66] 张程睿. 上市公司信息透明度 [M]. 北京：经济科学出版社，2005.

[67] 张春霖. 存在道德风险的委托代理关系：理论分析及其应用中的问题 [J]. 经济研究，1995（8）：3-8.

[68] 张鸣，张美霞. 预算管理的行为观及其模式 [J]. 财经研究，1999（3）：7.

[69] 张仁德，韩晶. 国有经济腐败的委托代理因素分析 [J]. 当代经济科学，2003（2）：28-32.

[70] 张涛. 中国政府角色的变迁与趋向：以"一五"计划和"十五"计划为例 [M] // 黄卫平. 当代中国政治研究报告Ⅱ. 北京：社会科学文献出版社，2003.

[71] 张维迎. 产权、激励与公司治理 [M]. 北京：经济科学出版社，2005.

[72] 张晓东. 政治成本、盈余管理及其经济后果：来自中国资本市场的证据 [J]. 中国工业经济，2008（8）：109-119.

[73] 赵息，石延利，张志勇. 管理层股权激励引发盈余管理的实证研究 [J]. 西安电子科技大学学报（社会科学版），2008（3）：23-28.

[74] 彭泗清，李兰，郑明身，等. 中国企业家队伍成长现状与环境评价：2003 年中国企业经营者成长与发展专题调查报告 [J] 管理世界，2003（7）：110-119.

[75] 中国证券监督管理委员会. 中国资本市场发展报告 [M]. 北京：中国金融出版社，2006.

[76] 周黎安. 晋升博弈中政府官员的激励与合作：兼论我国地方保护主义和重复建设问题长期存在的原因 [J]. 经济研究，2004（6）：33-40.

[77] 周立. 改革期间中国金融业的"第二财政"与金融分割 [J]. 世界经济，2003（6）：72-79.

[78] 周立. 渐进转轨、国家能力与金融功能财政化 [J]. 财经研究，2005（2）：26-37.

[79] 周中胜，陈汉文. 大股东资金占用与外部审计监督 [J]. 审计研究，2006（3）：73-81.

[80] 朱茶芬，李志文. 国家控股对会计稳健性的影响研究 [J]. 会计研究，2008（5）：38-45.

[81] 朱红军，陈继云，喻立勇. 中央政府、地方政府和国有企业利益分歧下的多重博弈与管制失效：宇通客车管理层收购案例研究 [J]. 管理世界，2006（4）：115-129.

[82] 朱红军. 高级管理人员更换与经营业绩 [J]. 经济科学，2004

（4）：82-92.

[83] ABOWD J M. Does Performance-Based Managerial Compensation Affect Corporate Performance? [J]. Industrial and Labor Relations Review, 1990, 43 (3)：52-73.

[84] RIAHI-BELKAOUI A, PAVLIK E L. Accounting for Corporate Reputation [J]. Accounting Review, 1992, 69 (1)：315-316.

[85] ALCHIAN A, DEMSETZ H. Production, Information Costs and Economic Organization [J]. American Economic Review, 1972 (11)：780-781.

[86] AMIHUD Y. Bidding and Auctioning for Procurement and Allocation：Bidding and auctioning for procurement and allocation：proceedings of a conference at the Center for Applied Economics [J]. Journal of Economic Literature, 1978, 16 (2)：575-576.

[87] LEONE A J, WU J S, ZIMMERMAN J L. Asymmetric Sensitivity of CEO Cash Compensation to Stock Returns [J]. Journal of Accounting & Economics, 2006, 42 (1)：167-192.

[88] ANTLE R, SMITH A. Measuring Executive Compensation：Methods and Applications [J]. Journal of Accounting Research, 1985, 23 (1)：296-325.

[89] BABER W R, KANG S H, KUMAR K R. Accounting Earnings and Executive Compensation：The Role of Earnings Persistence [J]. Journal of Accounting and Economics, 1998, 25 (2)：169-193.

[90] BABER W R, JANAKIRAMAN S N, KANG S H. Investment Opportunities and the Structure of Executive Compensation [J]. Journal of Accounting and Economics, 1996, 21 (3)：297-318.

[91] BABER W R, KANG S H, KUMAR K R. The Explanatory Power of

Earnings Levels vs. Earnings Changes in the Context of Executive Compensation [J]. Accounting Review, 1999, 74 (4): 459-472.

[92] BAIMAN S, EVANS J H, NOEL J. Optimal Contracts with a Utility -Maximizing Auditor [J]. Journal of Accounting Research, 1987, 25 (2): 217-244.

[93] BALL R, KOTHARI S P, ROBIN A. The Effect of International Institutional Factors On Properties of Accounting Earnings [J]. Journal of Accounting and Economics, 2000, 29 (1): 1-51.

[94] BALSAM S. Discretionary Accounting Choices and CEO Compensation [J]. Contemporary Accounting Research, 1998, 15 (3): 229-252.

[95] BANKER R D, DATAR S M. Sensitivity, Precision and Linear Aggregation of Signals for Performance Evaluation [J]. Journal of Accounting Research, 1989, 27 (1): 20-39.

[96] BEBCHUK L A, FRIED J M. Executive Compensation as an Agency Problem [J]. Journal of Economic Perspectives, 2003, 3: 71-92.

[97] BERTRAND M, MULLAINATHAN S. Enjoying the Quiet Life? Corporate Governance and Managerial Preferences [J]. Journal of Political Economy, 2003, 111 (5): 1043-1075.

[98] BOTOSAN C A, PLUMLEE M A, XIE Y. The Role of Information Precision in Determining the Cost of Equity Capital [J]. Review of Accounting Studies, 2004, 9: 233-259.

[99] BOYD B K. Board Control and CEO Compensation [J]. Strategic Management Journal, 1994, 15 (5): 335-344.

[100] BUSHMAN R M, PIOTROSKI J D, SMITH A J. What Determines Corporate Transparency [J]. Journal of Accounting Research, 2004, 42 (2):

207-252.

[101] BUSHMAN R M, INDJEJIKIAN R J, SMITH A. CEO Compensa-tion: The Role of Individual Performance Evaluation [J]. Journal of Accounting and Economics, 1996, 21 (3): 161-193.

[102] BUSHMAN R M, SMITH A. Financial Accounting Information and Corporate Governance [J]. Journal of Accounting and Economics, 2007, 32: 237-333.

[103] CARROLL T, CISCEL D. The Effects of Regulation On Executive Compensation [J]. Review of Economics and Statistics, 1982, 64 : 505-509.

[104] CHOW, WONG-BOREN A. Voluntary Financial Disclosure by Mexican Corporations [J]. Accounting Review, 1987, 62 (3): 533-541.

[105] ITTNER C D, LARCKER D F, PIZZINI M. Performance-Based Compensation in Member-Owned Firms: An Examination of Medical Group Prac-tices [J]. Journal of Accounting and Economics , 2007, 44 (3): 300-327.

[106] CORE J, GUAY W, VERRECCHIA R. Price Versus Non-Price Performance Measures in Optimal CEO Compensation Contracts [J]. Accounting Review, 2003, 78: 957-981.

[107] DEANGELO L. Auditor Size and Auditor Quality [J]. Journal of Accounting and Economics, 1981, 3: 183-199.

[108] DEANGELO L. Accounting Numbers as Market Valuation Substi-tutes: A Study of Management Buyouts of Public Stockholders [J]. Accounting Review, 1986, 61 (3): 400-420.

[109] DEANGELO L. Discussion of Evidence of Earnings Management from the Provision for Bad Debts [J]. Journal of Accounting Research, 1988, 26:

32-40.

[110] DECHOW P M, SLOAN R G. Executive Incentives and the Horizon Problem [J]. Journal of Accounting and Economics, 1991, 14 (5): 51-89.

[111] DECHOW P M, HUSON M R, SLOAN R G. The Effect of Restructuring Charges on CEO Cash Compensation [J]. Accounting Review, 1994, 69 (1): 138-156.

[112] DECHOW P M, SLOAN R G, SWEENEY A P. Detecting Earnings Management [J]. Accounting Review, 1995, 70 (2): 193-225.

[113] DECHOW P M, HUSON M, SLOAN R G. The Effect of Restructuring Charges on Executives Cash Compensation [J]. Accounting Review, 1994, 69: 138-156.

[114] DECHOW P M, KOTHARI S P, WATTS R. The Relation between Earnings and Cash Flows [J]. Journal of Accounting and Economics, 1998, 25: 133-168.

[115] DYE. Strategic Accounting Choice and the Effects of Alternative Financial Reporting Requirements [J]. Journal of Accounting Research, 1985, 23 (2): 544-574.

[116] DYE. Earnings Management in an Overlapping Generations Model [J]. Journal of Accounting Research, 1988, 26 (2): 195-235.

[117] NWAEZE E T, YANG S M, YIN Q J. Accounting Information and CEO Compensation: The Role of Cash Flow from Operations in the Presence of Earnings [J]. Contemporary Accounting Research, 2006, 23 (1): 227-265.

[118] FAMA E F, FRENCH K R. Testing Trade-Off and Pecking Order Predictions about Dividends and Debt [J]. Review of Financial Studies, 2002,

15 (1): 1-33.

[119] FELTHAM G, XIE J. Performance Measure Congmity and Diversity in Multi-Task Principal and Agent Relations [J]. Accounting Review, 1994, 69 (3): 429-453.

[120] FIRTH M, FUNG P, RUI O. Corporate Performance and CEO Compensation in China [J]. Journal of Corporate Finance, 2006, 12: 693-714.

[121] FIRTH. The Relationship Between Stock Market Returns and Rates of Inflation [J]. Journal of Finance, 1979, 34 (3): 743-749.

[122] LONGSTAFF F A, MITHAL S, NEIS E. Corporate Yield Spreads: Default Risk or Liquidity? New Evidence from the Credit Default Swap Market [J]. Journal of Finance, 1981, 60 (5): 2213-2253.

[123] GAVER J J, GAVER K M. Compensation policy and the investment opportunity set [J]. Financial Management, 1995, 24 (1): 19-32.

[124] GAVER J J, GAVER K M. The Relation between Non-Reoccurring Accounting Transactions and CEO Cash Compensation [J]. Accounting Review, 1998, 73 (2): 235-253.

[125] NIEHAUS G R. Ownership Structure and Inventory Method Choice [J]. Accounting Review, 1989, 64 (2): 269-284.

[126] GROSSMAN S J, HART O D. Implicit Contracts, Moral Hazard, and Unemployment [J]. American Economic Review, 1981, 71 (2): 301-307.

[127] GROVES T, HONG Y, MCMILLAN J, et al. China's Evolving Managerial Labor Market [J]. Journal of Political Economy, 1995, 103 (4): 873-892.

[128] GUAY W R, KOTHARI S P, WATTS R L. A Market-Based Eval-

uation of Discretionary Accrual Models [J]. Journal of Accounting Research, 1996, 34: 83-105.

[129] HAGERMAN R L, ZMIJEWSKI M E. Some Economic Determinants of Accounting Policy Choice [J]. Journal of Accounting & Economics, 1979 (2): 141-161.

[130] HARRIS D, HELFAT C. Specificity of CEO Human Capital and Compensation [J]. Strategic Management Journal, 1997, 18 (11): 895-920.

[131] HAUGEN R A, SENBET L W. Resolving the Agency Problems of External Capital through Options [J]. Journal of Finance, 2012, 36 (3): 629-647.

[132] HEALY P M, PALEPU K G. Information asymmetry, corporate disclosure and the capital markets: A review of the empirical disclosure literature [J]. Journal of Accounting and Economics, 2001, 31: 405-440.

[133] HEALY P M, PALEPU K G. Earnings and Risk Changes Surrounding Primary Stock Offers [J]. Journal of Accounting Research, 1990, 28 (1): 25-48.

[134] HEALY P M. The Effect of Bonus Schemes On Accounting Decisions [J]. Journal of Accounting and Economics, 1985, 7: 85-107.

[135] HECKMAN J J. Dummy Endogenous Variables in a Simultaneous E-quation System [J]. Nber Working Papers, 1977, 46 (4): 931-959.

[136] HOLMSTROM B. Moral Hazard and Observability [J]. Bell Journal of Economics, 1979, 10: 74-91.

[137] HOLTHAUSEN R W. Evidence on the Effect of Bond Covenants and Management Compensation Contracts on the Choice of Accounting Techniques:

The Case of the Depreciation Switch- back [J]. Journal of Accounting and Economics, 1981, 3: 73-109.

[138] HOSSAIN M, ISLAM I, KIBRIA R. South Asian Economic Development: Transformation, Opportunities and Challenges [J]. Economic Journal, 2000 (467): 814-817.

[139] HUSON M R, PARRINO R, STARKS L T. Internal Monitoring Mechanisms and CEO Turnover: A Long-Term Perspective [J]. Journal of Finance, 2001, 56 (6): 2265-2297.

[140] ITTNER C D, LAMBERT R A, LARCKER D F. The Structure and Performance Consequences of Equity Grants to Employees of New Economy Firms [J]. Journal of Accounting and Economics, 2003, 34: 89-127.

[141] JENSEN M J, MURPHY K. Performance Pay and Top Management Incentives [J]. Journal of Political Economy, 1990, 98: 225-264.

[142] JENSEN M J, MECKLING W H. Theory of the firm: managerial behavior, agency costs and ownership structure [J]. Journal of Financial Economics, 1976, 3: 305-360.

[143] JONES J. Earnings Management during Import Relief Investigations [J]. Journal of Accounting Research, 1991, 29 (2): 193-228.

[144] PORTA R L, LOPEZDESILANES F, SHLEIFER A, et al. Law and Finance [J]. Journal of Political Economy, 1996, 106 (6): 1113-1155.

[145] LAMBERT R, LARCKER D. An Analysis of The Use of Accounting and Market Measures of Performance in Executive Compensation Contracts [J]. Journal of Accounting Research, 1987, 25: 85-129.

[146] LAMBERT R A, LARCKER D F, VERRECCHIA R E. Portfolio

Considerations in Valuing Executive Compensation [J]. Journal of Accounting Research, 1991, 29: 129-149.

[147] LEUZ C, VERRECCHIA R. The economic consequence of increased disclosure [J]. Journal of accounting Research, 2000, 38: 91-135.

[148] LEUZ C, NANDA D, WYSOCKI P D. Investor Protection and Earnings Management: International Comparison [J]. Journal of Accounting and Economics, 2003, 69 (3): 505-527.

[149] CARTER M E, LYNCH L J, TUNA I. The Role of Accounting in the Design of CEO Equity Compensation [J]. Accounting Review, 2007, 82 (2): 327-357.

[150] MEHRAN H. Executive Compensation Structure, Ownership and Firm Performance [J]. Journal of Financial Economics, 1995, 38: 163-185.

[151] MURPHY K J. Corporate performance and managerial remuneration: An empirical analysis [J]. Journal of Accounting and Economics, 1985, 7: 11-42.

[152] MURPHY K J. Performance Standards in Incentive Contracts [J]. Journal of Accounting and Economics, 2001, 30 (3): 245-278.

[153] MURPHY K J, ZIMMERMAN J. Financial Performance Surrounding CEO Turnover [J]. Journal of Accounting and Economics, 1993, 16: 273-315.

[154] MURPHY K J. Performance Standards in Incentive Contracts [J]. Journal of Accounting and Economics, 2001, 30: 245-278.

[155] MURPHY K J. Corporate Performance and Management Remuneration: An Empirical Analysis [J]. Journal of Accounting and Economics, 1985, 7: 11-42.

[156] MURPHY K J. Executive Compensation [J]. Social Science Electronic Publishing, 1999, 3 (2): 2485-2563.

[157] MURPHY K J. Incentives, Learning, and Compensation: A Theoretical and Empirical Investigation of Managerial Labor Contracts [J]. RAND Journal of Economics, 1986, 17 (1): 59-76.

[158] MYERS S C. Determinants of corporate borrowing [J]. Journal of Financial Economics, 1977, 5 (2): 147-175.

[159] MYERS S C, MAJLUF N S. Corporate Financing and Investment Decisions when Firms have Information that Investors do not Have [J]. Journal of Financial Economics, 1984, 13 (2): 187-221.

[160] OATES. Fiscal Federalism [J]. Journal of Finance, 1972, 27 (5): 1206-1208.

[161] OFEK E, YERMACK D. Taking Stock: Equity-Based Compensation and the Evolution of Managerial Ownership [J]. Journal of Finance, 2000, 55 (3): 1367-1384.

[162] PENMAN S H, ZHANG X J. Accounting Conservatism, the Quality of Earnings, and Stock Returns [J]. Accounting Review, 2002, 77 (2): 237-264.

[163] PERRY T, ZENNER M. Pay for performance? Government regulation and the structure of compensation contracts [J]. Journal of Financial Economics, 2001, 63 (3): 453-488.

[164] QIAN Y. Government Control in Corporate Governance as a Transitional Institution: Lessons from China [R]. Palo Alto: Stanford University, 1998.

[165] AOKI M, KIM H K. Corporate Governance in Transitional Econo-

mies [R]. Washington D C: World Bank, 1995.

[166] RIORDAN M H. Information, Incentives, and Organizational Mode [J]. Quarterly Journal of Economics, 1987, 102 (2): 243-263.

[167] RULAND W, TUNG S, GEORGE N E. Factors Associated with the Disclosure of Managers' Forecasts [J]. Accounting Review, 1990, 65 (3): 710-721.

[168] SANDER W G, CARPENTER M A. Internationalization and firm governance [J]. Academy of Management Journal, 1998, 41 (2) : 158-178.

[169] SANDER W G, CARPENTER M A. Internationalization and Firm Governance: The Roles of CEO Compensation, Top Team Composition, and Board Structure [J]. Academy of Management Journal, 1998 , 41 (2): 158-178.

[170] BURTON J C. Discussion of Voluntary Corporate Disclosure: The Case of Interim Reporting [J]. Journal of Accounting Research, 1981, 19: 78-84.

[171] SCHOLES M S. Stock and Compensation [J]. Journal of Finance, 2012, 46 (3): 802-823.

[172] SCOTT T W. Incentives and Disincentives for Financial Disclosure: Voluntary Disclosure of Defined Benefit Pension Plan Information by Canadian Firms [J]. Accounting Review, 1994, 69 (1) : 26-43.

[173] SENGUPTA P. Corporate Disclosure Quality and the Cost of Debt [J]. Accounting Review, 1998, 73 (4): 459-474.

[174] SIGLER K J, HALEY J P. CEO Pay and Company Performance [J]. Managerial Finance, 1995, 21 (2): 31-42.

[175] SINGHVI S S, DESAI H B. An Empirical Analysis of the Quality of Corporate Financial Disclosure [J]. Accounting Review, 1971, 46 (1): 129-138.

[176] SKINNER D. The investment opportunity set and accounting procedure choice [J]. Journal of Accounting and Economics, 1993, 16 (4): 407-460.

[177] SKINNER D. Why Firms Voluntarily Disclose Bad News [J]. Journal of Accounting Research, 1994, 32 (1): 38-60.

[178] SMITH C, WATTS R. The Investment Opportunity Set and Corporate Financing, Dividend, and Compensation Policies [J]. Journal of Financial Economics, 1992, 32 (3): 263-292.

[179] STEIN J C. Efficient Capital Markets, Inefficient Firms: A Model of Myopic Corporate Behavior [J]. Quarterly Journal of Economics, 1989, 104 (4): 655-669.

[180] GROVES T, HONG Y, MCMILLAN J, et al. China's Evolving Managerial Labor Market [J]. Journal of Political Economy, 1995, 103 (4): 873-892.

[181] TRUEMAN B. The Relationship between the Level of Capital Expenditures and Firm Value [J]. Journal of Financial and Quantitative Analysis, 1986, 21 (2): 115-129.

[182] VERRECCHIA R. Essays on Disclosure [J]. Journal of Accounting and Economics, 2001, 32: 97-180.

[183] VROOM V H. Work and Motivation [M]. New York: Wiley, 1964.

[184] WATTS R L. Conservatism in Accounting Part I: Explanations and

Implications ［J］. Accounting Horizons，2003，17：207−221.

［185］WATTS R L，ZIMMERMAN J L. Towards a Positive Theory of the Determination of Accounting Standards ［J］. Accounting Review，1978，53 (1)：112−134.

后 记

　　本书是在笔者的博士论文的基础上完成的。回首往事，我从刚入大学时的懵懂到今天的渐渐成熟，每一步的成长无不寄托着父母的思念和关怀。他们不仅给予了我生命，也为我的成长铺垫了道路。他们总是默默地为我付出，却不从索取什么。说来惭愧，他们年事已高，却依然为我在外打拼。我对他们的爱和感恩，又岂是简单的"感谢"二字所能表达的。古人云："谁言寸草心，报得三春晖。"我愿以毕生的努力奋斗，让他们拥有一个幸福的晚年。同时感谢爷爷、奶奶、姥姥等各位亲人，我想告诉你们：我爱你们！

　　感谢我的导师冯建教授，在本书的撰写过程中，从选题到框架的构建再到本书的写作和数次修改，他无不倾注了大量心血。与先生的初识是在我大二时的会计学基础课程上，冯老师深入浅出的授课方式和高度的责任感与敬业精神使我对会计这门学科产生了浓厚的兴趣，对先生产生了深深的崇拜之情。回顾五年来与先生朝夕相处的学习历程，先生带给我的不仅仅是深厚的专业知识，更重要的是严谨的治学态度和虚怀若谷的人格、品质。还记得多年前的一次聚会上，先生无意中的一句"我虽然不高，但我的肩膀永远是直的，作为男人，该承担的责任，绝不推脱"让我倍受感动，也极大地影响了我为人处事的基本态度。感谢师母刘伟林老师，她的善良、慈祥和温柔让我倍感亲切，她从生活、学习方面给予了我无私的爱和关怀。愿恩师和师母能永远健康、幸福。

感谢毛洪涛教授对我的严格要求和谆谆教诲，使我不敢有丝毫懈怠。他雷厉风行的做事风格和对细节的完美追求使我获益匪浅，在潜移默化中使得我严格要求自己并不断成长。感谢导师组成员杨丹教授、刘俊教授、西南交通大学肖作平教授在我选题过程中给予我的启迪和指导，他们闪烁的智慧光芒使我能够尽快选定一个有意义的研究方向，明确自己的选题并展开研究。感谢导师组成员王擎教授、向显湖教授、罗宏教授在百忙之中对本书进行审阅并提出宝贵意见，使我能够尽快完成本书的修改。

感谢各位曾经为我"传道""授业""解惑"的会计学院的老师，他们是：郭复初教授、林万祥教授、赵德武教授、樊行健教授、王治安教授、彭韶兵教授、蔡春教授、傅代国教授、余海宗教授、吕先锫教授、马永强教授、唐雪松教授、谭洪涛教授、步丹璐教授，同时也感谢经济与管理研究院的山立威副教授等老师，他们深厚的理论知识、善于钻研和无私奉献的精神将是我一生取之不竭的宝贵财富。感谢余霞老师、何振雄老师、杨长虹老师、刘砚琛老师、兰敏老师在多年学习生活中给予我的帮助和教诲。

感谢同门的师兄弟姐妹，融洽的关系和良好的学习氛围让我们共同成长。感谢黄娟博士、吉利博士、向锐博士、黄建华博士、谢宁博士、宋圆博士、徐华博士、吴娓博士、陈兆松博士、蔡丛光博士、毛晓琴博士、李琪琪博士、李绚丽博士、杨文冬博士、张旭蕾博士、杨文冬博士、李红琨博士、杨锦地博士、徐翔博士、程文莉博士、常国华博士等在本书写作过程中给予我的指点和帮助。感谢余磊硕士、肖斌硕士、佟如意硕士、邹艳硕士、钱颖硕士、欧晓辉硕士，与你们相遇，是我之幸，感谢你们对我的鼓励与支持，我们永远在一起。

感谢伴随我一起走过多年的同窗们，分别之时，我心中许多话却无法说出，但求他们幸福。他们是李江涛博士、郭文博博士、邓倩博士、赵根博士、曾力博士、周兵博士、邹燕博士、兰文永博士、万立全博士、王华博士、王欣博士、李永焱博士、张勇博士、周春梅博士、田小刚博士、王鸿博士、任世驰博士、何韵博士、徐荣华博士、李越冬博士、黄友博士、姚星博士、王勇博士等，感谢刘蕾、王磊、张闪闪、吕华、成立、吴盈盈、李少波、谭炜、李方尧、蒋虹、孙林、杨领、李辉等，一起走过的日子让我倍感温馨，未来的日子让我更加期许。

感谢西南财经大学国际商学院姜玉梅教授、曹德骏教授、尹忠明教授、刘为民副教授以及各位老师为我创造的良好工作氛围和能够施展才华的平台，让我得以发挥才能。感谢在本书写作过程中，为我完成资料收集和各项辅助工作的周达勇硕士、诸波硕士、梅跃碧硕士、陈幸硕士、张人丹硕士、桑珏琳同学等，你们辛苦了。

Last but most important！感谢我的妻子陈晓萱小姐多年来在我工作、学习、生活中的帮助、理解与支持，我爱你！

王　新

2017 年 7 月